保育における
地域環境活用の意義と実践

塩野谷 斉　編著

藤田裕之・市川智之・薮田弘美
寺田光成・居原田洋子　著

古今社

はじめに

　子どもの発達は、子どもと環境との相互作用によってなされると言われます。ここでいう環境は、子どもを取り巻くすべてです。人もモノも、場や時や雰囲気さえも環境の一部です。それらすべてがないまぜになって、1人の、あるいは集団としての子どもの成長発達を保障する力となるのです。子どもの育ちにとって環境がどれほど重要か、十分な理解が求められるわけです。

　本書は、そのような幅広い環境の中で、特に乳幼児が育つ場や空間としてのそれを検討します。具体的には、保育所や幼稚園等の保育現場における環境、その中でも主に園の敷地外のそれを活用した保育実践を取り上げます。いわゆる園外保育を意識するわけですが、もちろん、園内での活動が関わる場合は、両方を含めて考えます。園外環境の活用によって子どもたちが生き生きとすること、保育実践が豊かになることを、事例をもとに明らかにしようとするものです。

　このような問題関心に基づいた本は、これまでにもたくさんありました。しかし、そのような実践事例に触れたとき、「自然環境に恵まれた〇〇園だからできること」「うちの園では無理！」などと思ってしまうこともあったのではないでしょうか。対して、実践を報告した側が「その気になれば、どんな都会の園でも、アスファルトの隙間からタンポポが芽を出しているのに気付くはず。その感性が大切」などと応じることもあったのではないでしょうか。

　どちらも一理ありそうですが、そのどちらの考えにもとどまるわけには行きません。最初からあきらめてしまっては実践は豊かになりませんし、自然環境に恵まれた園が、いわば持てる者が持たざる者の大変さを感性の問題にすり替えて批判するのもどうかと思います。保育者の感性もとても大切ですが、客観的にみて環境が違いすぎる園同士で、一方が一方の不十分さを責めるようなことになってはおかしいと思うのです。

　本書は、当初、鳥取大学の学部や大学院の学生時代、塩野谷研究室で学び、今は現場の保育者や保育者養成校の教員として活躍する卒業・修了生による執筆を企画したものでした。すなわち、薮田、藤田、市川、そして指導教員であった塩野谷の4名による本づくりでした。卒業・修了生3名の中で、薮田はすでに保育園長の傍らの社会人大学院生でしたし、藤田は大学院修了後、市川は学部卒業後10年以上実践経験を積み重ねてきました。それを踏まえて、基本的な保

1

育観を同じくする、いわば仲間による本づくりです。

　そのように企画を進めている中で、うれしいことに塩野谷研究室にまた新たな大学院生を迎えることができました。すでに長年養成校で教鞭を執り、幼稚園教諭の経験も持つ居原田が、忙しい仕事の傍ら、社会人大学院生として入学したのです。居原田の経験を踏まえて、園外保育、特に自然環境を生かした保育実践を担う保育者の養成という視点から、執筆陣に加わってもらうこととなりました。

　その後、思いがけず薮田から、担当する章の保育実践について共同研究者である寺田とぜひ共著で執筆したいと申し出がありました。寺田は、塩野谷研究室の出身ではありませんが、また違った視点、大学院生時代に学んだ造園学等の知識を踏まえながら、おもしろい原稿が期待できることとなりました。ここで、私たちはまた新しい仲間を得て、都合6名での執筆となったのです。

　本書は、ほとんどの執筆者が保育現場の実践経験を持ちながら、大学・短大で保育者養成の仕事に携わっています。保育理論のベースを持ちながら実践を見ることができるものと自負する次第です。そして何より、ここで報告・検討する実践も、他ではまったくまねできないということではなく、地域環境の違いがあっても、他園に向けて多くのヒントを含むものとしてご紹介できると考えています。

　本書の読者としては、主に幼児教育・保育の研究者、そして幼稚園・保育所・認定こども園等の保育者、あるいはこれから現場に出て行く保育学生を意識しています。私たちの力の及ばない点も多々あろうかと思いますが、本書から保育環境について実践や研究のヒントを読み取っていただければ、これに勝る幸せはありません。

塩野谷　斉

目次

第1章　保育実践と地域の環境～自然環境を中心に～

1. 人々の自然志向
(1)親子での自然体験

　近年、人々の間でアウトドア志向が強まっているようです。キャンプを扱ったテレビ番組などもよく目にするようになりました。1人で楽しむソロキャンプという言葉もよく耳にします。もしかしたらアウトドアは、コロナ禍の中、人との接触を避ける、あるいは、適度の距離を安全に保つために、いっそう評価された活動なのかもしれません。

　しかしそれは、子育て中の家庭も例外ではありません。親子でキャンプを楽しむ具体的な指南書も出ていますし、そこには「キャンプは非認知能力が育つ最適な環境」[1]などと書かれています。あるいは、親子での登山を勧めるものもあります。「親子で楽しく安全に山に登るための考え方とノウハウを紹介したもの」[2]や、さらには「山の経験なんてまったくない初心者親子がぜったいに登頂を成功させるためのコツをお伝えします」[3]として富士山登頂を促すものまであります。

　「計算通りにいかない自然との出会いに、自分で考え工夫する力がつき、やがてそれは、自分を認める自信となっていく」[4]として、魚釣りに打ち込む子どもの姿などを紹介して、自然体験で子どもたちの自己肯定感を高めることも提唱されています。もっと身近なところで、「都会に残っている自然の中、親子で一日を楽しく過ごすための遊び」[5]を紹介したり、「ぜひ山に、海に、飛びだしていってほしい。自然は君たちに数えきれないくらい楽しいことを教えてくれる」[6]と、直接子どもに呼びかけたりするものも読まれてきました。

　以上ご紹介したのは、家族での自然体験、あるいは、野外遊び・自然遊びを推奨するものです。しかしさらに、親子同士、家族ぐるみで自然体験を行う取り組みもあります。「もともと長男の幼稚園時代の親睦会がきっかけでできた山の会（あひるの会）」[7]が10年以上続き、「これはきっとお母さんや子どもたちが自然の神秘と素晴らしさに目覚めたからに違いない」[8]と感慨を述べる声も聞かれます。中心となる母親の苦労は少なくありませんが、東京近郊の山々を子どもとともに登る家族同士の関わりは、とても貴重なものだと思います。

(2) 自然の力、学びと癒やし

　人々の、あるいは子育ての中での自然志向は、最近では、例えば脳科学者の知見が後押ししているように見えます。「自然は、ものごとにハマる熱中体験へとつながる知的好奇心を刺激するものがちりばめられ、子どもが賢く育つ可能性にあふれた宝の山のようなもの」(9)というわけです。もちろん多くの保護者は、自分が自然を好きだから子どもも一緒にということだと思いますが、先に挙げた非認知能力や自己肯定感の向上にもよいとなれば、ますますアウトドアに熱が入りそうです。

　一方、その背景には、「現代人が体調を崩し、病気になる原因のひとつ、それは『自然』が不足していることなのです」(10)などと指摘される状況があります。「自然欠乏症候群」などと言われる今日の状況です。対して、古代ギリシャの医学者ヒポクラテスは「『健康』とは人体内部にある自然と外界の自然との調和がもたらすものであり、疾病とはその逆の状態の不調和から生まれるものと考えたのだが、彼のその考えは現代医学において再び顧みられるようになってきている」(11)と言われます。

　「①森を歩く――森林浴・森林レクリエーション的な内容、②リハビリテーション的な内容、③心理・カウンセリング的な内容、そして④保育・教育的な内容という四つの領域に分けられる」(12)森林療法も注目されています。「森林療法とは、森林環境を活用して、病気になりにくい身体や心をつくる自然療法の一つ」(13)とされますが、「本来の森林療法とは、繰り返し森を歩いて五感を刺激し、徐々に心身のバランスを取りもどすもの」(14)とも言われます。日々の暮らしにストレスを感じる大人たちは、自然を求めているのです。

　私たちの日常的な感覚でも、「森の中で遊び、ときを過ごし、働きかけるという行為には、必ずモノを得るだけでなく精神作用がともなわれる」(15)、「とにかく木からエネルギーを受け取りよろこぶ『からだ』が、『感じとる』ことが私を元気にする」(16)などという言い方にも頷けます。さらに、森林浴の効果は、「生理応答においても、ストレスホルモンであるコルチゾール濃度の低下は、生体がリラックスした状態にあることを示している」(17)として、実験的に明らかにされています。

　自然体験のよさは、大人だけにとどまりません。それは子どもも同じで（あるいは、大人以上かもしれません）、「④保育・教育的な内容」にも及びます。例えば、子どもは「自然の中で遊ぶことによって自然の変化、例えば緑の色の

日々の変化に気がつくし、木々の葉のつくりや葉脈のカタチも木の種類によって異なることを発見したり、そのことを親子や友だちと話したり、共有することで言語の獲得にもつながり、こどもの語彙を増やしていくことになる。さらに危機察知能力も育まれる」[18]などという指摘は、自然体験の重要性の大切な側面を具体化してくれるものです。

　そもそも自然には人々に与える大きな力があって、知的、社会的、身体的な育ち、心や身体の健康をもたらす力があるということです。あるいは、人々はそのように感じ考えてきたということです。それは、例えば児童文学の世界にも読み取れます。『秘密の花園』[19]の主人公メアリが人に心を開き、その従兄弟コリンが心身ともに健康になる舞台は花園でした。『みどりのゆび』[20]の主人公チトは、不思議な指の力で人々に幸せをもたらし、武器工場を営む父親の仕事を変えてしまいましたが、それは花を咲かせる力でした。

(3) 自然を主としない地域環境の活用

　子どもの屋外での活動は、直接自然に関わるものに限定されるわけではありません。自然環境とはまったくイメージの異なる街中での遊びもあります。一例を挙げれば、「もう街には冒険はないのか。木々の声、風の話を聞くことはできないのか……」[21]という問題意識のもと、「忍者が街に散らばった！」[22]というふうに、子どもたちが街中で忍者修行を行う遊びが、学童保育の指導員を中心に仕掛けられたりしています。これは幼児ではなく小学生の遊びですが、伊賀忍者と甲賀忍者に扮した子どもたちが「街の中、壮絶な追いかけっこ」[23]をしています。

　「街を駆け抜けていると、『がんばれ！！』と声がかかったり、ニコニコして見物に来たりと、まあ様々な、そして、あたたかなまなざしの中で行われたことがあります。もちろん禁止のまなざしを受けシュンともなりますが（それはそれでいかに怒られないように行こうかと知恵を出し合ったり……）」[24]というわけです。街中でもそこに暮らす人々に見守られながら、街路樹の声を聞いたり、公園で風を感じたりするということでしょう。

　以上、学童保育指導員という、いわば遊びのプロによるものですから、親子では難しいのかもしれませんが、関連して触れておきました。とはいえ、本書で紹介する次章以降の地域環境の活用は、主に自然に関わるものです。そし

て、その中での子ども同士、保育者と子ども、地域の人と子どもとの関係がポイントです。この点はお含み置きいただきたいと思います。

2. 園外環境の保育実践への取入れ
(1)保育現場で自然体験に取り組む必要性

　親子あるいは家族の自然体験は、子どもの成長発達に資するすばらしいものです。しかし、ここで考えなければならないのは、その自然環境の中でどれだけ人と人との関わりが保障されているかということです。親子ももちろんよいのですが、子ども同士の共感的な関係があって、あるいは、保育・幼児教育の専門家である保育者が関わることで、その自然体験も深まり広がるものだからです。当然のことですが、その点の追及が親子での野外・自然遊びなどでは弱くなります。保育園や幼稚園などでの集団としての活動が望まれる所以です。

　先に挙げた児童文学作品でも、メアリとコリンには、女中のマーサやその母スーザンという理解者、庭師のベンという協力者、そして何よりマーサの弟ディコンという仲間がいて、重要な役割を担っています。チトには、庭師のムスターシュおじいさんや医者のモディベール先生、そして病気の小さな女の子の存在がありました。けっして花や土、樹木といった自然環境だけで子どもたちが成長したわけではありません。児童文学に登場する支え手は、特別な力のある人たちですが、そのような豊かな人間関係があったのです。

　家族でキャンプをしているから、登山をしているから、保育園や幼稚園では自然体験は要らないという話にはなりません。保育・幼児教育の専門家である保育者がいる保育現場も、それぞれに取り組む必要があるのです。そして、実際に、多くの保育現場では園庭では十分にできない自然体験や社会体験を求めて園外保育を行っています。「身近な自然の中で保育者がかかわり、子どもの目線で一緒に心と体に向き合い、自然からの発見や感動をともに分かち合うことで、自然への気づきが深まり、そしてお互いのよりよい人間関係をも結びつけることになる」[25]園外保育は、保育関係者にはとても身近なものです。

(2)自然に触れる園外保育の方法

　園外での様々な虫や植物との出会いを応援する本もたくさん出ています。例えば、「『自然と直接触れ合うことを目的とした散歩』を『自然散歩』と名付けて」[26]、その実践レポートを掲載し、昆虫や樹木などを見るときの視点、おも

11

しろさを教えてくれるものがあります。園のお散歩の際に「生きものの不思議を子どもに感じとってもらい、その不思議の答えを教えるのではなく、子どもが気づくような働きかけをしてほしい」(27)としつつ、身近な虫や鳥などを紹介するものもあります。

お散歩で虫や草花や鳥たちと出会う自然体験だけでなく、さらにお泊り保育、キャンプファイヤー、他園との交流にも触れるものもあります。多くの保育者が「子どもたちが自ら、もっと外に出ていきたい、歩きたい、遊びたい、と思うように、四季折々の楽しさを盛り込み、周囲の環境を最大限に生かした園外保育」(28)を求める姿勢に共感できると思います。「自然環境があっても十分活用できていないという現実があることは確かです。いずれにしても、子どもたちの自然体験を豊かにしていくことが、乳幼児期の保育や教育に携わる保育者一人一人の願いであり、課題」(29)として、「保育のなかにネイチャーゲームをいかした実践を紹介する」(30)ものもあります。

実際には、交通量の多い街中にあって、歩道は狭く放置自転車も多い、だから未満児はお散歩車でも外出が難しいという園があるのも事実です。逆に田んぼや畑に囲まれていても、近隣の住民と揉めてしまい、お散歩のときに通れない道があるという園の話を聞いたこともあります。そんなに遠くないところに樹木や草花のある公園があっても、園外保育は気が重いという保育者の方もありそうです。しかしそれでも、園外での保育は、望ましいものとして推奨されることは確かです。

(3)自然体験で伸びる子どもたち

もう少し実践事例を取り上げて、園外での環境、特にその中での自然体験を通じて成長する子どもたちの様子を確認したいと思います。なお、さらに具体的な事例については、第2章から第4章をお読みいただきたいと思います。

① 富士登山

親子で富士登山を勧める本を紹介しましたが、保育現場の取り組みとして「卒園記念富士登山」を実施した例もあります。毎年年長児が途中1泊の山小屋泊を経て富士山頂を目指すというもので、実践報告が世に出たときには「富士登山を始めて23年。その間に卒園していったこどもたちは289人」(31)というのですから、ある年度だけの一時的でない本格的な取り組みです。しかしそ

れは「富士登山は、いわゆる『登山』が目的ではない。それはあくまでも保育活動である。つまり、『生き延びる』ための身体の活動であり、心の活動であり、魂の活動である」[32]と言うのです。

　もちろん富士山は、未経験な幼い子どもがいきなり登れる山ではありません。「富士登山までに、日常の保育でどの程度歩き込んできたかも、大きな要因であることは確か」[33]です。この園では、日頃から「戸外で過ごすことが多く、暑さ、寒さ、風の強さ、雨の冷たさなど、さまざまな実体験をする。散歩や遠出では、疲れたり、怖い思いをしたり、不安になったりする機会が多い」「さまざまな体験を通して、ほかのこどもの状況を読み取る、気持ちを汲み取る、相手のために自分ができることを探す、といったこころを育てている」[34]のです。

　一方、保育者たちも大変です。「日常の健康管理は当然のことながら、園としても保育者のトレーニング山行を組織的、計画的に考え行っている」[35]のです。しかしそれも「自然の中での活動はどんな技巧をこらした保育にも勝る。何の先入観もなく、あたり前のこととして自然と付き合うことによって、こどもたちが心身ともに豊かに、健やかに、巧みに、たくましく、育つことを期待したい」[36]という思いあればこそのトレーニングです。加えて、富士山には「親子で登ることが前提で、こども1人につき父母のどちらか1人の参加が基本」[37]と言いますから、保護者も楽ではありません。

　しかし、そのような苦労を経て行う富士登山の様子は、とても感動的です。途中で泣き出す子どもも出るわけですが、こども隊に続いて父母隊が登頂したときには「急に泣き出すこどももいる。思わずこどもを抱きしめて、涙ぐむお父さん、手を取り合って健闘をたたえ合っているお母さんたち。保育者たちは、1人ひとりのこどもに、おめでとうと言って回っている」[38]姿がありました。他ではなかなか得がたい感動体験が、子ども同士あるいは子どもと大人で共有されるということだと思います。

　なお、富士登山は、他園でも同様の取り組みがあります。父母会全員反対の中で、園長が「万全のスタッフ体制をとることと、予測されるあらゆる場面をシミュレーションして、懸命に説得」[39]した結果、提案は受け入れられます。そして、「一九九五年に初めて富士山に登り、五年続けましたが、トイレの問題など、環境悪化も看過できなくなり、いったん撤退しました」[40]という報告

があります。しかし「お母さんのほうからまた富士登山をやってほしいと強い要望が出て」⁽⁴¹⁾再開しています。

　ここでも「ふだんの園生活では、よく発言する子や活発な子がどうしても目立ちます。無口な子やおとなしい子は影が薄くなりがちですが、富士山に登ると、そんな子がかえって粘り強くがんばったりする」⁽⁴²⁾と言います。保護者の理解を得ることや自身の体力増強など相当な苦労はあるにしても、子どもの成長発達に関わる保育者にとって、それはやはりとても意義深い保育活動になるのです。

②地域での身近な自然体験

　保育者の仕事は、一般にエネルギーにあふれる幼い子どもたちが相手です。体力は不可欠でしょう。しかし、富士山に登れる体力があるかと言えば、自信のない方もあるかもしれません。ちなみに、本書執筆者のうち藤田と市川は、同じ大学の先輩後輩という親しい間柄で、さらに後輩（現在は沖縄で学童保育所勤務）と男性保育士3人で富士登山をしています。彼らは瀬戸内海で無人島キャンプをしたこともありますから、けっこうなアウトドア派です。もちろん体力的にも問題がなさそうです。

　もちろん、自然体験は日本一の山に登らなければならないといった大きなイベントがすべてではありません。それを行う園でも、日頃から園周辺の自然環境に親しむことを大切にしていますし、むしろ特別に見えることは他園のモデルにはなりにくそうです。そこで次に取り上げるのは、もっと身近なところでダイナミックに展開された保育実践です。少し古い実践かもしれませんが、魅了は失われていないと思います。

　『ダンプえんちょう　やっつけた』⁽⁴³⁾は、現在でも多くの保育現場で読まれている絵本だと思います。わらしこ保育園の年長児9人と園長先生（ダンプえんちょう）がいつものリヤカーで出かけたひなたやまで洞穴を見つけて海賊ごっこを始めます。海賊役の子どもたちは正義の味方のダンプえんちょうと激しいチャンバラごっこを展開しますが、最後に子どもたちに勝利をもたらしたのは、一番小さな弱虫のさくらだったというお話です。ダンプえんちょうが「ひがしはまの　まちじゅうが　わらしこの　うんどうじょうだよ」（p.5）と言う通り、園から外に出た地域の中で保育が行われているのです。

本書の奥付に「この絵本は、『わらしこ保育園』（石巻市新内谷地 96）髙田敏幸さんの実践を素材として創作したものです」とありますが、この絵本のお話には実在するモデルがありました。実際の保育でも「まちじゅうがわらしこのあそび場だ　まちじゅうをあそび場にして何が悪い。もんくあっか!!」[44]となかなかの勢いです。絵本の舞台についても、そこに登場する住吉神社の石段を滑る子どもたちの様子、園周辺の遊び環境を描いた「わらしこもんくあっか!!マップ」[45]も示されています。

　園庭がほとんどないという園環境を逆手にとって、と言ってよいのでしょう。「雨あがりの埋め立て空地は、子どもたちの絶好の水あそびの基地です。だれがなんといおうと〝わらしこ〟の基地になる」[46]といった具合です。広い水たまりを海に見立てて「それッ！大海原をめざして前進ッ！」[47]と勇ましく、「こんなすばらしい教材を準備しておいてくれた自然の神々と、こんな街の真中にまだ空地を残しておいてくれる心豊かな大人たちに感謝しながら」[48]保育活動は進みます。

　水の深さを伝え合ったり、蒲の穂を取ったり、（少々残酷ですが）ミズスマシの足をもいで泳げるかどうか実験したりする子どもたちの姿は、生き生きとしています。そこに子どもたちの冒険心、探究心、協働性や互いの共感を読み取ることは容易です。「腰までの深みで、ゆれながら入っていった K ちゃんを最後に、わが〝わらしこ軍団〟全員、この底なし沼を征服した」[49]となるのですが、おっかながり屋の K ちゃんも一緒にみんなで満足感や達成感、そして自信を得ているのです。

3. 園内環境と園外環境の循環
(1)保育現場における自然環境の活用と取り入れ
　敷地が十分にあって、そこで自然体験がかなり保障される保育現場もあるでしょう。中には数千坪の敷地があって、小川が流れ、季節には蛍が飛び交う園もあります。裏山も園の敷地の一部で、虫や蛇の危険が少ない時期には、そこで日常的に身体的、冒険的な活動が展開される例もあります。そもそも「園舎は自然に恵まれた小高い山の上にあり」「雨の日も風の日も、みんな仲良く手をつないで二百段近い石段を登ります」[50]という環境の園もあります。

　「山の上にある園では毎日様々な植物や昆虫との出会いがあります。子どもたちは知らない植物の実や珍しい蛾の幼虫を見つけると、すぐに『せんせい、

見て見て!』と」(51)保育者を呼びに行き、一緒に図鑑で調べるそうです。「手間をかけて一緒に何かを調べ、わかる喜びを共にすると、そのプロセスから子どもは何かを吸収します。『答え』が大切なのではありません。子どもが何かを問うたとき、『よし、一緒に考えてみよう』とじっくりそばに寄り添うことが大切なのです。そうすれば、子どもたちは時間をかけてものを考えるようになるでしょう」(52)と言うわけです。

園の敷地内で木々や草花、土や水、虫などの生き物といった自然環境が保障されている場合、まさに日常的にそのような経験が子どもたちに保障されるのだと思います。しかしもとよりすべての保育現場がそのような恵まれた状況にあるわけではありません。街中の園であれば、さらに意識的に保育室や廊下、階段の踊り場など様々なところに草花を飾ったり、園庭に樹木を植え、虫や鳥を呼び込む工夫も行われています。園庭での畑作り、栽培は一般的ですが、それを超えた試みと言ってよいでしょう。

ここでは一例として、私が住む鳥取市の市街地にある幼稚園を取り上げたいと思います。そこは、園庭で「まず目に飛び込んできたのは青々とした芝生、でもその周囲には土の道がぐるりと取り巻いていて」「そして何より様々な草木が植えられていて、まさに〝園の庭〟にふさわしい場所」(53)です。「実のなるもの、食べられるものがたくさん」(54)あって、「遊んでいた男の子が『全部食べた!』と元気に教えてくれました」(55)という具合です。給食のデザートになるものまであるそうです。

「多くの種類の樹木や草花を育て、鳥や虫たちを呼び込んでいます。そのような環境への配慮が隅々まで行き渡っている印象で」「蝶々の食草になるものまで育まれている」(56)のです。加えて、「園庭の隅には、川が流れて池になっています。水中にはカワニナがたくさんいました。地下からポンプで汲み上げている」(57)そうです。そこにはやはり園長先生(当時)の「自然は、人間が頭で考える以上のものや経験を与えてくれます」「自然体験が、子どもの感性を豊かにし、自分で考え判断し、行動する力を身につけることにつながる」(58)という考えが生きているのです。

本園について1つエピソードを紹介させていただきます。ある年の3月、卒園する年長児に感謝するお別れパーティーに際してのことです。年少児のSちゃんは、担任の保育者に「ケロポン体操したい」と書かれた手紙を差し出します。そうして年少児が話し合い、年長児にケロポン体操をプレゼントした日の

午後のことです。Ｓちゃんが「カエルを捕まえた！」と保育室に駆け込んできたのですが、「『えーっ？』とみんなびっくり！何故ならみんなで踊ったケロポン体操はカエルが体操する内容の歌だったから」⁽⁵⁹⁾というわけです。

「まだ寒い日が続いていた頃だったので、『何で？何で？』と、みんなが不思議がっていると、ある子が言いました。『春が来たんだ！』この一言で全員納得しました」⁽⁶⁰⁾というのが、このエピソードの落ちです。年度末のこととはいえ、3歳児たちがこのような感性を示してくれること、そんな偶然が起こる園環境があること、そして子どもたちのそのような思いに共感的に関わる保育者がいることは、やはり素敵なことだと思います。

(2)園外保育で生きる園内保育

多くの保育現場で地域環境を活用するのは、園内だけでは十分な保育ができないとの判断からでしょう。自然については、特にそうです。先に紹介した通り、自然環境にもともと恵まれた園やそれを園庭に取り込む努力をする園もありますが、そこに限界がある場合も少なくないと思います。そもそも園庭がない保育園もありますし、あっても狭くて運動遊びに園舎の屋上を活用する幼稚園もあるわけです。樹木や草花、土や水といった自然の素材が、近隣住民とのトラブルになることもあると思います。

保育者の目は園舎・園庭から地域へ向かうわけですが、真に保育活動を豊かにしたいと思えば、園外と園内の保育を単純に分けて考えることができなくなります。もしそれらを分けてしまうと、前者は一過性の楽しいイベントで終わることになりそうです。もちろん遠足や施設見学が子どもの経験の幅を広げる楽しいイベントの一部であってもよいわけですが、子どもの経験の深まりを期待したとき、それらがよい循環をなすことが期待されます。

①がま蛙との出会い、飼うか逃がすか？

ある保育園の例です。7月になって暑い日の続く頃、5歳児たちがセミを捕りに出かけます。しかし、まだ早いのか、なかなか見つかりません。「子どものひざ丈くらいも伸びた雑草は、湿っぽくて中から何かが出てきそうで、ドキドキするものを感じます。ひと足ずつふみしめおそるおそる運ぶ足もとから、腐葉土の臭いがしてきます」⁽⁶¹⁾というわけですが、多くの保育者は、子どもたちに経験させたいものとして、そのような感覚に共感を覚えることでしょう。

その中で、子どもたちは「大人のにぎりこぶしの倍もあろうかと思われる『がま蛙』」を発見します。保育者は「とっさに保育園に持ち帰ってみんなに見せたいという気持ちになりました。このグロテスクな姿を見たらみんなこわがって大騒ぎになるだろうと、ただ単純にそのおもしろさだけを予測した」[62]そうです。なんとか網で捕まえて、子どもたちは意気揚々と保育園へ引き上げます。「大声をはりあげて、『蛙さまのお通りだーい』と歩いていく子どもたち」[63]です。

　しかしこのエピソードで注目すべきは、いきなり大量のオシッコをする蛙に驚いたり、肌が乾かないように草と土をかぶせて蛙を運んだりする、子どもたちの感性や思考の動きです。そこには、机上のお勉強や図鑑を見ただけの学習では得られない実感が伴っています。さらに、園に着くと、子どもたちは生き物博士の子どもの声で部屋を暗くしたり、イボだらけの蛙に手が出なかったり、逆に「かわいい」と背中をさすったりします。いつ跳ねるかとじっと見るなど、子どもたちは蛙に夢中ですが、結局「そおっとしておこう」ということになります。

　保育者は「子どもたちは、ああでもないこうでもないと、どうしたらがま蛙が休耕地と同じように安心して遊べるかを一時間近くも真剣に話し合いをしたのです」「がま蛙を中にして、どの子も共感の世界の中で話し合えたのです。自然との出会いがこんなにも子どもたちを夢中にしてくれるとは、私など入る余地もなくただ見ているだけの一時間でした」[64]と述べます。さらにその後の展開も興味深いものです。子どもたちはがま蛙に強い愛着も持ちながらも飼うことの難しさに気付きます。餌の採り方や与え方、そして飼うか逃がすか、話し合いが深まります。

　「がま蛙をどうするかということをめぐって五歳児なりの認識のなかで、どうすれば蛙が快く生きていけるかを一生懸命に考えました。そして『やっぱり、今までいたところが一番いいよ』ということになって、なんか〝やさしさ〟ってこういうことなのかなあと考えさせられたできごとでした」[65]と保育者は結びます。ところで、ここでもう１つ、印象深いエピソードを可能にした条件として、それをじっくりと継続して行えた子どもたちのクラス、保育室の存在にも注目したいと思います。蛙を見つけた園外の休耕地だけでは十分でなかったはずの蛙との関係が、園内で深まったということです。

② 園庭でのキャンプごっこ

　もう１つ、本書第２章を担当する藤田の実践例を挙げたいと思います。周囲の自然環境に恵まれた保育園で、「秋の作品展では、山で拾った木や木の実などを生かした作品を各年齢で作ったりして」[66]いるのですが、そのような地域環境との関わりから生まれた保育実践として、キャンプごっこの取り組みが紹介されています。保育園の所在地鳥取県智頭町が杉の町であることを活用した年長児での実践です。

　「木の枝よりも燃えやすいものが、杉の町である智頭の山に落ちています。それはスギ葉です」[67]と言う通り、キャンプごっこのカレー作りの着火剤にそれを利用しています。秋が深まった頃、「スーパーの袋を手に道に落ちているスギ葉を子どもたちは一生懸命集め」[68]て、「園庭にみんなで本物のテントを立てたり、お昼ごはん用にカレーを作ったり」[69]しています。「カレーはかまどで火を焚き、大きな羽窯で調理します」[70]というのですから本格的です。

　カレー作りには、「肉には酒で下ごしらえがしてあって、給食の先生が『こうすると、肉の臭みがとれるんだで』とおっしゃっておられた」[71]という具合に、担当保育者相互の協力にとどまらない取り組みでした。そして、カレーを煮込んでいる間にテントを張りますが、これがなかなか大変です。しかし藤田は「『一、二、三…』と数を数えながら、協力して長い一つの棒を作ります。棒を私のところまで運んでくるのにも、協力して運ばないと崩れてしまうので、何度も地面にバラバラになっていました。その度に諦めず組直す子どもたちの姿が見られ、嬉しく思いました」[72]と言います。

　藤田は、実践のまとめとして「キャンプごっこ後も思い出として子どもたちの記憶に残り、様々な場面で、キャンプごっこの経験が垣間見えました。例えば、山に散歩に行った際、切り株に枝をかけて、テントを作ろうとする子どもたちの姿や作品展の共同制作（空想画）で、テントを描いてキャンプ場を描いたりする姿がみられました」[73]と報告します。そこには、園外での経験が園内の保育に生き、それがまた園外保育に還っていくという豊かな循環があったのではないでしょうか。

　園外保育を行うには、そこで自然体験を行っていくには、相応の知識が必要です。キャンプを例に取れば、実際に幼児のキャンプについてのハウツウ本ないし指導書のような本もありますから[74]、それらで事前に学んでおくことが求

められます。そして、保育現場で自然体験等の園外保育を行う場合には、「基本的には、園を中心にして活動を行い、外に飛び出し様々な刺激を受け園に帰り、その刺激をさらに確実にする保育を繰り返し展開することによって、自然や社会事象を知得するように考えること」[75]もあってしかるべきでしょう。

(3)自然環境を維持する難しさ、原発事故と保育

　私たちの心や身体は、自然を求めているようです。もちろんそのときの自然は、ほとんどの場合、いわゆる野生の自然、人の手が入らない原始の自然ではありません。少なくとも保育活動では、そのような場所は、どのような怖ろしい動物や昆虫がいて毒草があるかわからず、子どもを連れて分け入ることなど考えられません。ある程度人の手が入って人と共存してきた自然、例えば里山のような場所が選ばれることになります。

　「雑木林はただいろいろな木々が寄せ集まって生えているだけの森のように思われがちですが、人がかなり手を加えないと維持できない空間」[76]と言われる通りです。「自然にふれるとき、ただきれいだと思って見ているのではなく、自分がその環境とかかわりをもつことがすごくだいじ」[77]という指摘は、子どもの主体性を重視する保育の世界でも大切なものです。そこでは、漫然と自然を求めるというより、人と自然が共存してきたその知恵に子どもたちが触れるという部分があってよいと思います。

　しかし一方、そのような里山の自然も、かなり失われてきた事実があります。おそらく私たちのイメージとは異なり、東北地方のようなところでさえ「里山の生物多様性を育んでいた、土地利用の多様性」[78]が奪われています。まして、東北太平洋沖地震〔2011（平成23）年3月〕に伴う津波、福島第一原子力発電所での事故後の深刻な事態は、今さら述べるまでもありません。有害な放射性物質の広がりは、「田んぼではカエルが鳴き、水路をメダカが泳いでいること、花にチョウやミツバチが飛んでくること」[79]といった「当たり前の光景を広い範囲から消し去りました」[80]と言われます。

　被災地の保育現場の状況は、察するにあまりある厳しさです。特に屋外での活動に大きな不安が生まれ、制限されてしまったからです。しかしその中でも、福島市から山形県米沢市への移動保育を行う例があります。[81]専門家の知恵を借りながら[82]、給食の食材や園庭の放射線量を科学的に測量し、対策をとった保育園の例もあります。そこでは、さらに周辺の放射能測定マップまで策

定して、園外保育を続けています。「野山に散歩に出かけていた子どもたち、神社の石段をハイハイしていた子どもたちの震災前の生活を奪っていい理由は何もないのですから」[83] というわけです。

　一般に自然環境が人々の暮らしから遠のく今でも、あるいは、だからこそ、保育者は子どもと自然との関わりを大切にしたいのでしょう。原発事故という厳しい状況にあっても、保育者たちは諦めず、幼い子どもたちに不可欠と認識する自然体験を少しでも守ろうとしているのです。同時に、「保護者からは、『線量は気になるけれど…外あそびをしたり大事な経験をさせてあげたい』という思いが伝わって」[84] きたと言います。このような保育者や保護者の価値観の存在も確認しておきたいところです。

4.　本書で紹介する実践の地域環境

　本章の最後に、次章以下でご紹介する実践とその分析の舞台となった保育園等の地域環境について少しばかり説明しておきます。必要なことは各章で触れられていますが、どのような実践であれ、特に地域の自然環境等を活用した取り組みであれば、その実態をよく捉えておくことが不可欠だからです。どんなに優れた実践であっても、それをそのまま真似すればどの園でもすばらしい実践が行えるかと言えば、そんなことはないはずです。本来、保育実践は常に、地域等の実態を踏まえた創造的な営みだからです。

(1) 鳥取県八頭郡智頭町

　鳥取県東南に位置し、面積 224.7 ㎢、総人口 6,479 人、世帯数 2,714 世帯〔2022（令和4）年9月1日現在〕の山間の町です。「まちの総面積の9割以上が山林で、スギをはじめとする見渡すかぎりの緑が一面に広がります。春には、ソメイヨシノ、シャクナゲ、ドウダンツツジ、夏には清涼な緑が、秋は紅葉、そして冬には雪化粧と、1年を通してまちを彩る植物や、美しい自然にあふれて」[85] いる、まさに自然豊かなところです。特に智頭杉はよく知られており、町内には杉の精霊を祀る杉神社もあります。町にはもともと林業や農業で暮らす地域の人々の確かな営みがあったわけです。[86]

　しかし智頭町のおもしろさは、自然環境のよさだけではありません。「鳥取県智頭町が試みてきた住民主体の小さなマチの地域復興」[87] などと評されますが、1人の青年の声が広がりを得て「地域の人々が日常的に直面する諸々の問

題をどのように前向きに解決していくかに懇切丁寧に向き合」[88]ってきたと言われます。いわゆるゼロイチ運動がそれで、住民自らが主体的に地域復興を図ってきました。「智頭町活性化プロジェクト集団」による「徹底して『杉』にこだわる村おこし」[89]などは、その例であったと思います。

その後、「住民の地域づくりに対する熱意や創意を町政に直接的に活かす『仕掛け』」として『百人委員会』」[90]が設置され、その中から「森のようちえん　まるたんぼう」{2009(平成21)年開園}が生まれました。[91]これも智頭の自然と住民の声が相俟って実現したものです。4年後にはもう1つ、森のようちえん「空のしたひろば　すぎぼっくり」が誕生しています。それもすばらしいことですが、一方、人口減少の中で統廃合を経たものの、町立保育園も健在です。「『安全・安心』と『自然と共生』をテーマに、智頭杉をふんだんに用いた」[92]園舎を拠点に地域の自然環境を活かした保育が行われているのです。

(2) 兵庫県神戸市

面積が557.03㎢、9つの行政区からなる政令指定都市です。人口1,511,144人{2022(令和4)年9月1日推計}というまさに大都市ですが、人口は減少傾向にあります。一方、世帯数は743,205世帯（同）であり、増加傾向にあります。[93]ちなみに、近年子育て関係の熱心な取り組みで注目される明石市は、本市に隣接しています。そこでは、「18歳19歳の大学進学で京都とか大阪とか神戸とかに出て就職し、結婚もしてしまった娘や息子が子どもを産んだ後で、明石に戻ってきています」[94]（明石市・泉市長）と言う通り、子育て世代の人口増が見られます。

神戸市の異国情緒に富んだ都会的なイメージには、俳人・西東三鬼の私小説的な作品『神戸』『続神戸』あたりの影響があるのかもしれません。第2次世界大戦下の神戸が舞台ですが、「私はその後、空襲が始まるまで、そのホテルの長期滞在客であったが、同宿の人々も、根が生えたようにそのホテルに居坐っていた。彼、あるいは彼女等の国籍は、日本が十二人、白系ロシア女一人、トルコタタール夫婦一組、エジプト男一人、台湾男一人、朝鮮女一人であった」[95]とあって、実に多彩です。さらに、ドイツ人やフランス人、デンマーク人まで登場します。

しかし同時に神戸市は「人口集中地区の面積は全体面積の28%で、自然に恵まれた多様なエリアから成る大都市」[96]（神戸市・久本市長）でもあります。

北区や西区には「まだ里山や農村地帯が広がっていて、都心とはまた違った魅力を醸し出して」[97]（同）いると言います。「大都会・三宮から北の空をふと見上げると、四季折々の表情を見せる六甲山が目に飛び込んできます。六甲山を越えるように電車に揺られること、20分。ここが神戸だということを忘れてしまうほど、緑あふれる里山風景が広がります」[98]と言われます。

　たとえ街中であっても、「明るくてお洒落で異国情緒のあふれる港町。そんなイメージも神戸のひとつの姿だが、高速神戸駅から新開地駅へとつながる地下道に広がる、昭和の面影を残す卓球場、理髪店、ゲームセンター（は残念ながら去年閉店してしまった）、何十メートルも続く古本屋街、立ち飲み屋街。」「一見くすんだ風景もまた神戸のありのままの姿で、私にはどちらの神戸もいとおしい」[99]との声もあります。第3章でも触れられていますが、大都市の顔も1つではありません。その中で、本章に登場するのは、瀬戸内海側の街中、住宅地の中にある公立保育園です。

(3) 岡山県瀬戸内市

　面積が125.46㎢、人口36,533人、世帯数15,846世帯｛2022（令和4）年9月1日現在｝の地方都市です。[100] 2004（平成16）年に邑久町、牛窓町、長船町が合併して誕生しました。岡山市に隣接しているため、そのベッドタウンという印象があるかもしれません。合併前の3町にはそれぞれに歴史があり、例えば、邑久町は叙情的な美人画で知られる画家・竹久夢二の生誕地、牛窓町は江戸時代の朝鮮通信使の寄港地、長船町は古く刀剣の産地として知られたところです。

　社会教育関係者であれば、瀬戸内市民図書館を思い浮かべるかもしれません。「建設準備を進める中で、市民のみなさんのご意見をお伺いするために『としょかん未来ミーティング』を開催しています。『としょかん未来ミーティング』では、市民のみなさんをはじめとして、この施設のサービス、建築・情報デザイン、運営などに関心がある方々と、暮らしの中で、役立ち、そして愛され、魅力的な場所にするために、自由に意見交換を行って」[101]きたと言われます。

　旧3町のうち牛窓は、「日本のエーゲ海」と称される風光明媚な土地として知られています。「古代から瀬戸内海道の要所として栄えたが、帆船時代が終わりを告げると、鉄道や高速自動車道から外れた半島の町は、急速に衰退して

いった」(102)と評されるものの、「昭和五十三年（一九七八）から観光を町振興の柱にし、ペンション誘致やヨットハーバーなど施設整備、各種イベント企画に取り組んで」(103)きました。そのヨットハーバーを舞台の1つにした小説(104)もありますが、「日本のエーゲ海」のイメージの一端を伝えるものと思います。

第4章に登場する保育園は、瀬戸内市牛窓町に所在します。自園の園庭はもちろん、地域の人々の理解の下、隣接する土地も園地の一部のように活用した実践が注目されます。しかし同時に、美しい瀬戸内海に面した海浜での保育活動も行える地理的な有利さもあります。同園のホームページにも「あいあい保育園のある牛窓はこんなところです」として、「日本のエーゲ海”牛窓”瀬戸内の多島美。南には小豆島、四国」の美しい写真が掲載されています。(105)

(4) 広島県福山市仙酔島

福山市は、広島県の南東端に位置し、面積が517.72㎢、人口461,448人、世帯数213,979世帯〔2022（令和4）年9月末現在〕で(106)、県内では広島市に次ぐ人口規模の中核市です。産業としては、銑鋼一貫製鉄所を擁する重工業都市です。観光としては「福山駅から南へ14kmの瀬戸内海沿岸のほぼ中央に位置する鞆の浦。古くから潮待ちの港として栄え、万葉集にも詠まれています。また、日本で最初の国立公園に指定された瀬戸内海を代表する景勝地の1つです。波穏やかな瀬戸の海に仙酔島や弁天島がぽっかりと浮かぶのどかな風景は心洗われます」(107)などの紹介があります。

景勝地として知られる仙酔島は、「万葉の昔から潮待ちの港として栄えた福山市・鞆の浦の東約0.3㎞にある島。面積0.92㎢」(108)です。鞆の浦から渡船でわずかに5分ですが、無人島です。「無人島のはずが、出迎えはエプロンおばちゃんの笑顔」(109)という訪問記もありますが、もう以前から「島で働く人は本州から通っている」(110)状況です。少し前まで国民宿舎がありましたが、今は営業していません。

「海水浴場・キャンプ場、2種類のハイキングコースも整備され、見どころ満載です。南側の海岸線沿いには、青・赤・黄・白・黒の5色の岩が200メートル以上続いているところがあります。これは『五色岩』と呼ばれ、全国でもめずらしい貴重な岩です」「仙酔島には古代からの自然が手つかずのまま残っているので、自然のエネルギーを全身で感じることができます」(111)と言われ

ます。古くは島村利正が島名を小説のタイトルにしましたし(112)、近年でも推理小説(113)の舞台になっていますから、作家にとっても魅力ある土地なのだと思います。

　近年では台風の影響で遊歩道が通行禁止になるなどの規制がありますが、当時は国民宿舎もあって、天候の急変など緊急時の対応にも期待ができました。第5章のキャンプの舞台である本島は、大人の適切な関わりの下で、子どもたちが大きな危険にさらされることなく自然に親しむのにふさわしい場所であったと言えそうです。

（註）
(1)長谷部雅一『プロが教える親子キャンプ読本　アウトドアで子どもの感性を楽しく伸ばす』メイツユニバーサルコンテンツ、2022年、p.16。本書では、非認知能力を「『経験や知識からさまざまなチャレンジをして新しいことを生み出していく力』ですから、これから何が起きるかわからない未来を生きていく子どもたちには重要な能力になる」（p.17）と説明しています。
(2)戸高雅史『山登りABC　はじめよう　親子登山』山と渓谷社、2014年、p.4。他にも、例えば、新井和也・千鶴『赤ちゃんからは始めました親子登山』東京新聞、2013年には「親子登山が広がりつつある。登山は昔から親子で楽しめるアクティビティとして親しまれてきたと思う」（p.2）とあります。
(3)関良一『子どもと登る　はじめての富士山』旬報社、2013年、p.3
(4)日経ホームマガジン日経トレンディ編『日経Kids+［キッズプラス］　自然体験が子どもを賢く強くする！必要なのは「自己肯定感」　日経ホームマガジン』日経BP、2021年、p.7
(5)中村みつを、グループ・コロンブス『親子で楽しむ都会の自然遊び』JTB、2004年、p.2
(6)『親と子の楽しい野外遊び』（主婦と生活　生活シリーズ276）、主婦と生活社、1995年、p.8
(7)大滝玲子『親子で野となれ山となれ』けやき出版、2000年、pp.4-5
(8)同上、p.5
(9)瀧靖之『脳科学者が教える！子どもを賢く育てるヒント　アウトドア育悩のすすめ』山と渓谷社、2018年、p.47

(10)山本竜隆『自然欠乏症候群　体と心のその「つらさ」、自然不足が原因です』ワニ・ブックス、2014 年、pp. 4-5

(11)上原巌『森林療法序説－森の癒しことはじめ』（林業改良普及双書142）全国林業改良普及協会、2003 年、p. 9

(12)上原巌『森林療法のすすめ』コモンズ、2005 年、p. 14

(13)上原巌監修、日本森林保健学会編『回復の森　人・地域・森を回復させる森林保健活動』川辺書林、2012 年、p. 12

(14)田中淳夫『森を歩く〜森林セラピーへのいざない〜』角川 SS コミュニケーションズ、2009 年、p. 158

(15)浜田久美子『森の力－育む、癒す、地域をつくる』岩波書店、2008 年、p. vi

(16)浜田久美子『森がくれる心とからだ　癒されるとき、生きるとき』全国林業改良普及協会、2002 年、p. 14

(17)宮崎良文『木と森の快適さを科学する』（林業改良普及双書139）、全国林業改良普及協会、2002 年、p. 112

(18)小澤紀美子編著、こども環境学会出版委員会編『こどもと自然』（こども環境学会双書1）、本の泉社、2021 年、p. 32

(19)バーネット、山内玲子訳『秘密の花園』上・下（全 2 冊）、岩波書店、2005 年。フランシス・ホジソン・バーネット、畔柳和代訳『秘密の花園』新潮社、2016 年、など。

(20)モーリス・ドリュオン、安東次男訳『みどりのゆび』岩波書店、1977 年（新版 2002 年）

(21)北島尚志・宮里和則編著『忍者　街を走る』（ファンタジーを遊ぼう・2）、いかだ社、1988 年、p. 3

(22)同上、p. 37

(23)同上、p. 60

(24)アフタフ・バーバン編『〈響関者〉関わることが力となるために〜共感から響関へ』晩成書房、2009 年、pp. 16-17

(25)中村伸子『いきいきわくわく園外保育』（行事別保育のアイデアシリーズ⑥）、フレーベル館、2005 年、p. 3

(26)菅井啓之・後藤紗貴『いのちと出会う　保育の自然さんぽ』（ハッピー保育books㉕）、ひかりのくに、2017 年、p. 1

(27) 小泉昭男『園の身近な生きものと出あう探検ブック〜ウキウキ散歩〜』かもがわ出版、2013年、p. 5

(28) 田村忠夫『園外保育と・ら・の・ま・き〜育て！パワフルチルドレン〜』鈴木出版、2005年、p. 125

(29) 社団法人日本ネイチャーゲーム協会監修、神長美津子・酒井幸子・田代幸代・山口哲也編著『すごい！ふしぎ！おもしろい！　子どもと楽しむ自然体験活動─保育力をみがくネイチャーゲーム─』光生館、2013年、p. i

(30) 同上。

(31) 池田裕恵・若木保育園『5歳児、みんなで富士山に登る─からだをつくり、こころを育てる保育─』八千代出版、2004年、p. 204

(32) 同上

(33) 同上、p. 5

(34) 同上、p. 28

(35) 同上、p. 129

(36) 同上、p. 53

(37) 同上、p. 145

(38) 同上、pp. 23-24

(39) 佐藤朝代編著『生きる力を育む自然の教育　幼児にいっぱいの感動と表現する喜びを』ひとなる書房、2013年、p. 57

(40) 佐藤朝代『生きいきと　それぞれに　生きいきと』文芸社、2010年、pp. 156-157

(41) 同上、p. 157

(42) 同上。なお、本園年長児の富士登山の様子については、佐藤朝代『「自然の教育」カリキュラム　年長編　冒険する・仲間と学びあう』ひとなる書房、2013年、pp. 55-57 参照。

(43) 古田足日・田畑精一『ダンプえんちょう　やっつけた』（絵本　ぼくたちこどもだ2）、童心社、1978年

(44) 高田敏幸編著『天には憧れ　地には絆を─ダンプえんちょうとわらしこに魅せられた人たちの記憶』新読書社、2014年、p. 47

(45) 同上、p. 51

(46) 高田敏幸『耕せ耕せ、ぼくらのからだ』青木書店、1982年、p. 119

(47)同上、p. 119-123。この数頁は、写真入りで子どもたちの水たまりでの遊びの様子を伝えています。

(48)同上、p. 123

(49)同上、p. 125

(50)山下太郎『お山の幼稚園で育つ』（こどものみらい叢書②）、世界思想社、2018年、p. 1

(51)同上、p. 56

(52)同上、p. 57

(53)塩野谷斉「幼稚園・保育園紹介⑧　神様を敬い、ひとや自然を愛する子どもを育む『鳥取ルーテル幼稚園』」保育文化研究会編『ほいくる』第13号（2014年秋）、古今社、2014年10月、p. 26

(54)同上

(55)同上

(56)同上、p. 29

(57)同上、p. 27

(58)鷹取健一「自然の力をかりた子育て」全国私立幼稚園　若手設置者園長交流会編『"イキイキ体験"でたくましい子に育てる本　豊かな自然体験・生活体験が「生きる力」を育む』PHP研究所、1999年、p. 184

(59)松木宏「【自由研究】三歳児における表現―環境構成と教師の援助―」保育文化研究会編『ほいくる』第7号（2013年春）、古今社、2013年4月、pp. 10-11

(60)同上、p. 11

(61)田中美代子、教科研・自然認識と教育部会『自然が育てる意欲とかしこさ』ひとなる書房、1993年、p. 77

(62)同上

(63)同上、pp. 78-79

(64)同上、p. 82

(65)同上、p. 92

(66)藤田裕之「【実践報告】キャンプごっこの実践〜豊かな自然に囲まれた保育〜」保育文化研究会編『ほいくる』第19号（2016年春）、古今社、2016年4月、p. 29

(67)同上

(68)同上

(69)同上

(70)同上

(71)同上、p. 30

(72)同上

(73)同上、p. 31

(74)山梨幼児野外教育研究会監修、山田英美・川村協平共編『幼児キャンプ―雪の体験―』春風社、2004 年など。

(75)水野豊二『園外保育・山のくらし』(自然とあそぼ・パッケージゲーム 3)、明治図書出版、1999 年、p. 52

(76)今森光彦『カラー版　里山を歩こう』(岩波ジュニア新書 402)、岩波書店、2002 年、p. 81

(77)今森光彦『カラー版　里山を歩こう　Part2―わき水の里から琵琶湖へ』(岩波ジュニア新書 600)、岩波書店、2008 年、p. 166

(78)永幡嘉之『フォト・レポート　里山危機―東北からの報告』(岩波ブックレット 1049)岩波書店、2021 年、p. 5

(79)永幡嘉之『原発事故で、生きものたちに何がおこったか。』岩崎書店、2015 年、p. 39

(80)同上。なお、人々の暮らしへの影響にも計り知れないものがあります。子育て中の人はもちろん、老人に至るまでそれまで当たり前だった生活を奪われた人々の状況には語り尽くせないものを感じます。豊田直巳『フォト・ルポルタージュ　福島を生きる人びと』(岩波ブックレット 893)、岩波書店、2014 年など。

(81)『NNN ドキュメント’22「あぶないきたないばかばかしい　子どもの力信じる青空保育」』2022 年 7 月 25 日、日本テレビ系放送。このドキュメンタリー番組では、福島第一原発事故により福島での野外保育が困難になった後も、子どもたちを山形へ連れて行って屋外での遊びを続ける NPO 法人「青空保育たけの子」の取り組みが紹介されました。

(82)放射線防護学の専門家である安斎育郎は、著書の中で福島市の保育園の園庭で行った表土層を削るデモンストレーションの様子と効果を紹介しています。園名は出てきませんが、本園での取り組みだと思われます。安斎育郎『放射能から身を守る本』中経出版、2012 年、pp. 187-189。

(83) 社会福祉法人わたり福祉会さくら保育園編、安斎育郎・大宮勇雄『それでも、さくらは咲く 福島・渡利 あの日から保育をつくる』かもがわ出版、2014年、p.171。「放射能測定マップ」（2012年5月10日）は、本書p.72-73に掲載されています。

(84) 同上、p.66

(85) 智頭町ホームページ。
https://www1.town.chizu.tottori.jp/chizu/kikaku/about_chizu/ （2022年10月6日最終閲覧）

(86) 『力強く、まっすぐに、生きる 鳥取県智頭町那岐の聞き書き』鳥取大学地域学部家中研究室・いざなぎ振興協議会、2016年など。

(87) 岡田憲夫『ひとりから始まる事起こしのすすめ 地域（マチ）復興のためのゼロからの挑戦と実践システム理論 鳥取県智頭町30年の地域経営モデル』（関西学院大学研究叢書第170編）、関西学院大学出版部、2015年、p.250

(88) 同上、p.25

(89) 古野雅美『ルポルタージュ 農村は挑戦する 全国24地域からの最前線レポート』現代書林、1992年、p.160

(90) 小田切徳美・藤山浩編著『地域再生のフロンティア 中国山地から始まるこの国のかたち』（シリーズ 地域の再生15）、農山漁村文化協会、2013年、p.197

(91) 森のようちえん「まるたんぼう」については、西村早栄子「第4章 森で保育『森のようちえん』」寺谷篤志・澤田廉路・平塚伸治編著『地方再生へのしるべ－鳥取県智頭町発 創発的営み』今井出版、2019年、pp.105-134など。

(92) 智頭町ホームページ「ちづ保育園完成」
https://www1.town.chizu.tottori.jp/chizu/kyouiku/12/hoikujyo/6/1/ （2022年10月6日最終閲覧）

(93) 神戸市ホームページ「毎月推計人口」
https://www.city.kobe.lg.jp/a47946/shise/toke/toukei/jinkou/suikeijinkou.html （2022年10月6日最終閲覧）

(94) 湯浅誠・泉房穂編著『子どもが増えた！ 明石市 人口増・税収増の自治体経営』光文社、2019年、p.16。明石市の子どもに関わる取り組みについて

は、他に泉房穂『子どものためのまちのつくり方　明石市の挑戦』明石書店、2019 年など。

(95)西東三鬼『神戸・続神戸』新潮社、2019 年、p. 10。なお、「西東三鬼は

『読者を娯しませるためなら、事実だけを記録しないで、大いにフィクションを用いるだろう』と書いている」(p. 186、森見登美彦による解説) ことから、本書もすべてが事実ということではなさそうです。

(96)久元喜造・増田寛也『持続可能な大都市経営—神戸市の挑戦—』ぎょうせい、2017 年、p. 25

(97)同上、pp. 25-26

(98) COMMUNITY TRAVEL GUIDE 編集委員会編『農す神戸』(COMMUNITY TRAVEL GUIDE VOL. 6)、英治出版、2016 年、p. 13

(99)平民金子『ごろごろ、神戸。』ぴあ、2019 年、p. 18

(100)瀬戸内市ホームページ　https://www.city.setouchi.lg.jp/ (2022 年 10 月 6 日最終閲覧)

(101)瀬戸内市ホームページ「瀬戸内市民図書館　もみわ広場　施設案内・アクセス」https://lib.city.setouchi.lg.jp/SHISETSU/MOMIWA3.HTM (2022 年 10 月 6 日最終閲覧)。嶋田学『図書館・まち育て・デモクラシー　瀬戸内市民図書館で考えたこと』青弓社、2019 年、参照。

(102)前川満『牛窓を歩く』(岡山文庫 197)、日本文教出版、1999 年、p. 3

(103)同上

(104)西村京太郎『日本のエーゲ海、日本の死　長編推理小説』祥伝社、2010 年

(105)特定非営利活動法人・あいあいの杜　あいあい保育園ホームページ。http://aiai.chu.jp/ (2022 年 10 月 6 日最終閲覧)

(106)福山市ホームページ。https://www.city.fukuyama.hiroshima.jp/soshiki/shimin/260828.html (2022 年 10 月 6 日最終閲覧)

(107)福山市ホームページ「ふくやま観光・魅力サイト　鞆の浦（とものうら）」https://www.city.fukuyama.hiroshima.jp/site/sights-spots/31144.html (2022 年 10 月 6 日最終閲覧)

(108)公益財団法人日本離島センター編『新版［日本の島ガイド］SHIMADAS（シマダス）』公益財団法人日本離島センター、2019 年、p. 488

(109)カベルナリア吉田『1 泊 2 日の小島旅』阪急コミュニケーションズ、2009 年、p. 115

(110)同上、p. 119

(111)福山市ホームページ「ふくやま観光・魅力サイト　仙酔島（せんすいじま）」https://www.city.fukuyama.hiroshima.jp/site/sights-spots/94918.html（2022 年 10 月 6 日最終閲覧）

(112)島村利正「仙酔島」円地文子・島村利正・井上靖『季』（百年文庫 10）、ポプラ社、2010 年、pp. 67-96（初出は 1944 年）

(113)内田康夫『鞆の浦殺人事件』徳間書店、2016 年

第2章　地域は子どもの豊かな遊び場
～ドキドキ・ワクワクの園外保育～

1. ちづ保育園の紹介

　私が勤務する智頭町立ちづ保育園を紹介する前に、智頭町について説明したいと思います。智頭町は鳥取県の東南部に位置し、山々に囲まれており、町の総面積の9割以上が山林の自然豊かな町です。また、山峡にはいくつもの川が流れており、鳥取砂丘の砂を育んだ源流があります。また、四季折々に情が豊かであり、春にはソメイヨシノ、町の花であるドウダンツツジが咲き、夏は清涼感溢れる緑や川、秋は芦津渓谷の紅葉、冬には雪も降り、白化粧した山や景色が美しい町です。(1)

<智頭町の四季の景色>

　智頭町立ちづ保育園は、智頭駅から徒歩20分ほどの場所にあり、裏手には山、周囲には田畑に囲まれた自然豊かな場所にある保育園です。町内にあった保育園が合併し、2017（平成29）年にちづ保育園として開園されました。スクールゾーンに位置しており、智頭小学校、智頭中学校、鳥取県立智頭農林高等学校が近くにあります。2022（令和4）年4月現在、学年編成は、0歳児1

クラス（いちご）、1歳児2クラス（りんご・みかん）、2歳児2クラス（ばなな、ぶどう）、3歳児2クラス（いぬ・ねこ）、4歳児2クラス（ぱんだ・こあら）、5歳児2クラス（ぞう・きりん）となっており、在園児数は140人です。

　園舎は、「安心と安全」「自然と共生」をテーマに、智頭杉をふんだんに用いた木の香りとぬくもりにあふれています。廊下がぐるりと一周回れるように作られており、活動によっては廊下で身体を動かして遊べるよう工夫されています。また、園舎の中央には内の広場が設けられており、未満児の子どもたちが安心して遊べるようになっています。以上児側にも広い園庭が整備されており、広い空間でのびのびと身体を動かして遊ぶことができます。また、自園給食で地産地消を大切にしており、地域の食材をふんだんに使っています。昼前には給食室から煮炊きの香りが保育室まで届きます。

＜上空から見たちづ保育園＞

（引用：ちづ保育園ホームページより）

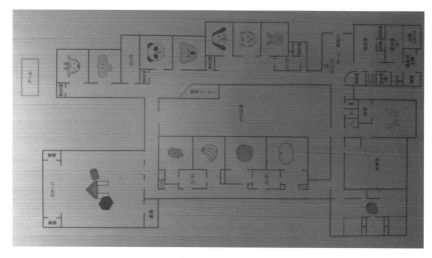

＜園舎の見取り図＞

ちづ保育園では、自然や人との触れ合いを通して豊かな情緒や思いやりを、生活や遊びの中で、自分でよく考え、自分で行動する意欲を、集団生活を中心にし、地域との触れ合いを楽しみ社会性を、これらを育むことを理念としています。そして、『共に手をたずさえて生きていく力を育てる』という保育目標をもとに、3つの柱を大切にしています。「①体：すこやかに（何事にも意欲的に取り組む子）②徳：なごやかに（友だちと一緒にいることを喜び、友だちを大切にする子）③知：おだやかに（いきいきと活動し、心豊かに育つ子）」です。

　以下、自然豊かな智頭町の環境を活かした園外保育の活動に焦点を当て、地域の自然と触れ合う子どもたちの姿や育ちをエピソードで交えながら紹介していきます。

2. 保育園の周りに楽しいところがたくさん

　ちづ保育園の周りにはたくさんの楽しい場所があります。小さい頃から行って慣れ親しんだ場所、大きくなってから行けるようになった場所、四季の移ろいを感じる場所、のびのびできる場所、薄暗くてちょっとドキドキする場所など様々です。

＜ちづまっぷ＞

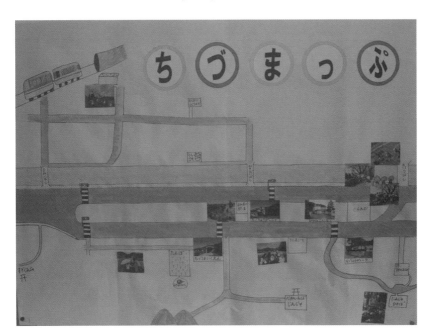

{2022（令和4）年度4歳児担当池田美紀保育士作}

4歳児の担当保育士が子どもと一緒に園外に出かけた場所の写真を撮って、子どもたちが行った場所を振り返れるように地図を作る活動をしておられたので、今回はこのマップを使いながら紹介していきます。訪れた場所がどんどん増えていく楽しみ、そして、自分たちが住んでいる町について、実際に訪れた場所をきっかけに興味関心を持つことができる素敵な取り組みだと感じました。

(1) 智頭中学校のスロープでの遊び

　ちづ保育園は中学校が近く（「ちづまっぷ」の中央部分）にあり、そこにあるスロープは緩やかな坂道や15㎝ほどの段差がある階段、傾斜の芝生などがあり、0歳児クラスから1歳児クラスの子どもたちが遊びやすい場所です。また、チョウチョやバッタやトンボなどの虫もおり、春先にはタンポポやツクシなども生えています。低年齢の子どもたちが安全かつ自由に探索することができ、這う、歩く、走る、階段や傾斜の昇り降りなど、様々な動きを保障することができるうえ、自然物とも触れ合うこともできるので、よく訪れる場所です。

　私が0歳児クラスや1歳児クラスを担当している時もよく行っていました。まだ階段に慣れていない子どもも、這って登ろうとしたり、足を一段一段上げながら登ろうとしたり、おしりから足場を確認しながら降りていったりする姿がよく見られました。「○○ちゃん、登れたね！」と声をかけると、とてもうれしそうで、階段の上から「おーい」と声出しするのがお気に入りの子もいました。また、斜面の芝生を保育士が転がってみせると真似をしてみたり、ツクシを摘んだのをみせて「ツクシさんだよ」と伝えるといっぱい集めて「トレタ」と見せたり、バッタを捕まえると「チョウダイ！」と手を出すが、やっぱり怖くて逃がしてしまって残念がったりと、色々な思い出があります。

　スロープでの遊びのよさは、ゆったりとした空間の中で、子どもたちが思い思いに身体を動かすことができることがまず挙げられます。特に低年齢の子どもたちの発達は個人差があります。「面白そうだな」「行ってみたいな」と気になる場所に今、自分ができる移動方法で満足いくまで遊べるよう関わること、そして子どもたちの達成感にしっかりと寄り添うことで、何気ない通路も子どもたちにとってはとても楽しい遊びの場になっていると思います。

＜智頭中学校のスロープで遊ぶ様子＞　（0歳児、1歳児）

(2) 智頭農林高校の芝生、花やドングリなど

　近くにある鳥取県立智頭農林高等学校には、敷地内に大きな芝生の広場があります。とても広い場所なので、ボールを使って集団遊びをしたり、鬼ごっこやリレーをしたりと開放感を感じながら遊んでいます。また生徒の方が季節ごとに綺麗な花畑を育てておられ、それを見させてもらったりします。秋になると、敷地内には小さなドングリや色鮮やかなイチョウの葉がたくさん落ちており製作活動に使わせてもらっています。また、年長児は農林の生徒さんとの交流の一つで、野菜を一緒に作ったり藍染め体験をさせてもらったりしています。

＜芝生でトンボを追いかける2歳児＞

(3) 上市場神社での遊び

　園の近くにある神社のひとつの上市場神社。子どもたちのお気に入りの場所の1つです。1歳児の秋頃から遊びに行きます。神社を囲うように溝があり、そこを道に見立てて進んだり、背丈ほどの段差をよじ登ったり、ジャンプで飛び降りたりとダイナミックな遊びも楽しめる場所です。ここにも遊びの連続性があり、1歳児の初めて来た頃は、探索活動が中心で、子どもたちが思い思いの場所に行っていました。そして、階段や段差、坂道の細道を登るなど楽しんでいます。だんだん場所に慣れてくると、身長より高い段差をよじ登ったり、保育士の見守りの中、飛び降りたりしてきます。そして2歳児になると、友だ

ちとの繋がりもできてきて、よじ登っている友だちを支えたり、飛び降りるの
に戸惑う友だちを応援したりする姿もみられました。さらに慣れてくると、サ
ーキット遊びのようになっていきました。慣れ親しんだ場所で、できることが
増えていく喜びがここにはあるのだと感じました。

<上市場神社>

<友だちを引き上げる2歳児>

<境内を囲む溝の探検>

<一人で段差を飛ぶ3歳児>

（4）こもれびの森での遊び

　以上児クラスがよく行く場所として、こもれびの森も挙げられます。智頭町のセラピーロードのひとつであり、智頭宿の近くにあり、杉や桧林がある場所です。こもれびの森は、周り一面木々があり、普段と違った雰囲気を感じることができます。また、倒れている丸太を渡ったり、沢にいるカニをとったりすることもできます。

＜こもれびの森＞

エピソード１　～絵本『ねこぶたニョッキのおつかい』から～

　私が４歳児クラスの担当をしたときに、『エルマーの冒険』[2]を活かした園外保育の実践をいくつか見聞きしたことがあったので、参考にしながら、『ねこぶたニョッキのおつかい』[3]を園外保育に取り入れてみました。この本のあらすじは、ねこぶたニョッキが師匠に頼まれて、パンを買いにいき、その帰り道にパンを狙う化物と出会うというものです。

　お昼寝前に初めて子どもたちに『ねこぶたニョッキのおつかい』を読むと、ニョッキと師匠のやりとりに面白さを感じたり、登場する化け物たちにニョッキが機転を利かせて窮地を切り抜けるドキドキ感を楽しんだりする姿が多くみられ、「先生、ニョッキ読んで」と子どもたちのお気に入り絵本の１つに入りました。繰り返し読んでいくとストーリーに見通しをもちはじめ、「ニョッキが師匠に怒られとるで」「緑入道がでてくるで」など場面ごとにつぶやく子どもたち。

　物語を繰り返し楽しんでいく中で、こもれびの森の中を散策する時に子どもたちと化物について話をしました。こもれびの森の道の山側に穴があり、「ここにみどり入道（登場する化物）が住んどるかも？」「今、あっちの木の間の暗い所に何かおったかも」と絵本の場面をなぞりながら、子どもたちと一緒にイメ

ージを膨らませていきました。

　ある日、いつもよりも早めに園を出て、こもれびの森の奥の方まで行ってみました。普段は、東屋があるところまで行き、そこから引き返えします。いつもよりももっと奥に行くというドキドキ・ワクワクの冒険心がくすぐられ、茂みの中のちょっとした音を聞くと「あれ！なにかいる！」と登場する化物の名前を言ったり、「隠れとる」と友だちと話す姿も見られました。絵本で化物が持っていた小物を先に置いておけばもっとイメージが膨らんだかもしれません。次のお話の時にできたらと・・・考えています。

　2月の発表会の時に、クラスで「ねこぶたニョッキのおつかい」の劇をしました。「ニョッキが人気かな？」と予想していましたが、化物の役に立候補する子もおり、うまい具合に役がはまりました。役のイメージも子どもたちがそれぞれ持てており、セリフの声の大きさや身振りなど、「みどり入道はつよいでな」と言いながら表現していました。絵本の中から現実に飛び出て、より身近に感じる体験をする場として、少し薄暗い雰囲気のこもれびの森はとても適した場所でした。

<発表会の様子>

(5) 南方方面での遊び

　どの年齢でもよく遊びに行くのは園から南に位置する地域（「ちづまっぷ」の川向う上側）です。そこには、田んぼや畑、牛舎があります。農道を登ると智頭急行の線路もあり、汽車を見ることができます。0歳児クラスや1歳児クラスは、お散歩カーに乗ってよくでかけています。歩行が安定している子、ハイハイで移動する子など発達が様々なので、お散歩カーを拠点とし、歩行が安定している子は、農道を歩いて探索活動をしたり、ハイハイで移動する子はレジャーシートを敷いて草花と触れ合ったりしています。年齢が上がるにつれ、活動範囲もどんどん広がり、保育士と手を繋いで歩いたり、安全な農道やあぜ道で各々が自由に探索をしたりしています。

＜一本橋に見立てて渡る2歳児＞

＜水辺の生き物を探す4歳児＞

＜田んぼの傾斜の登り降りを
楽しむ4歳児＞

＜フキノトウを掘っている5歳児＞

また、牛舎にお邪魔して牛を間近で見させてもらったりもしています。最初は怖がっていた子も、何度も会いに行くうちに平気になり、じっくり見ています。農道を歩いて自然物に触れるだけではなく、斜面を登ったり、段差があるところを飛び降りたり、田んぼの脇にある細い水路を渡ったりと遊び方もどんどん増えていきます。また、キイチゴやフキノトウも植生しており、採取したキイチゴを食べたり、フキノトウを家に持ち帰ったりしたこともあります。給食でフキノトウミソにしてもらったこともあります。

エピソード2 〜このにおいは何だろう？〜

近くに牛舎がある（「ちづまっぷ」中央川沿い）ので、風向きの関係で園の方にもにおいがすることがあります。私が4歳児クラスの担任をしている時に、子どもたちは「くさいー！」と率直な気持ちを言葉にしていました。一方で、小さな頃から牛に会っているので、「牛さんのにおいだよ」と友だちに話す子もいました。牛に会う際、「牛さん大きいね」「牛さん、うんちをしているね」など、その時の牛の様子を言葉にして子どもたちに伝えています。「牛さんの匂いがするね。牛さんが元気に大きくなっているのかな」と子どもたちが感じたにおいのことは受け止めつつ、園外保育での経験をもとにした言葉かけや問いかけも大切だと思っています。

私たちが日ごろ食べている食材は、何もないところからできているのではなく、生産者の方が一生懸命育てて下さって食卓に上っています。スーパーでトレイに入っている野菜や肉や魚を子どもたちもよく見ていると思いますが、そこに至るまでに、いろんな人の努力や苦労、そして生き物の命をいただいているということに気づけるよう種をまけたらと思っています。

＜牛との出会い＞（0歳児、1歳児）

エピソード3 〜時刻表によれば〜

同年の4歳児を担当していた時のクラスに、乗り物が大好きな男の子がいました。「先生、今日はどこにいく？汽車が見たい」とよく言ってくれたことを思

い出します。もともと、初夏の時期で、自然物と触れ合うということを園外保育のねらいに設定しており、近くに線路がある場所に行く予定だったので、「じゃあ、汽車も見に行こうか」と伝えると「すぐ行かんと」とのこと。「今すぐ？」と聞くと、どうやら急を要するようでした。当時の私は、「まぁ、早く行ったらその分たくさん遊べるよね」とそこまで深くは考えていませんでした。朝の会が終わり、さっそく、南方方面（「ちずまっぷ」左上）へ。汽車がよく見えるところまで歩いていると、スーパーいなば(4)が見えました。「これを見るのに早く行くって言っていたのかな」と思い、「見ることができて良かったね」と伝えると、「まだ、くるし」とのこと。上り線と下り線の両方を狙っていたのだとその時に気づきました。

　この子には、汽車が来る順番や時間がわかっていたんだなぁと驚きました。私にとっては汽車が通っているという見慣れた光景の1つでしたが、その子にとっては、とても重要なことだったのです。

同じ保育園の保育士に訊いてみました。

Q：この南方方面での遊びのよさは？

- 自然物、汽車、坂道など様々な環境があるので、飽きることなく楽しむことができ、地域の方にも会い、コミュニケーションに繋がるところ（井上保育士、2年目）

- 自然の草花や昆虫に触れることができる。坂道をあがったりおりたりできることや砂利道や田んぼの畦道を歩き体のバランスをとりながら歩くことができる。発見がたくさんあり探索活動が盛んに楽しめるところ。（奥田保育士、11年目）

- 自然豊かで田んぼがあり、汽車を見上げて見れるところがり、牛舎もあり、とても子どもにとって興味がわくところです。田んぼでは、傾斜をあがり、草の中の虫や花を探し、田んぼの畦道を通ったりして探求心やバランス感覚も味わえ楽しめます。線路からも近いので、汽車が通るときに手を振ると、運転手さんの心遣いで手を振ってくれるなど子どもには嬉しいことです。自然豊かだから遊べるとっておきの園外保育の場所です。（池田保育士、13年目）

<花冠の作り方を知りたい 4 歳児>　　　　<汽車に手を振る 4 歳児>

　季節ごとに様々な遊びを展開することができる南方方面での園外保育。年齢に合わせた楽しみ方もそれぞれです。特筆すべき点は、遊びがその学年で完結するのではなく、次年度にも繋がっていること、遊びの連続性があるということです。そこで、どんな遊びが繋がっているか、遊びの系統図を作成し(5)振り返りました。

　まず、身体を動かす遊びにおいては、0 歳児クラスの外気浴から始まり、歩行までの探索活動の一連の流れが出てきました。歩行が安定してからは、平坦な場所だけではなく、高低差や砂利道、畦道といった普段と違った道での活動に繋がっています。自然物との触れ合いにおいては、保育士が採って見せたタンポポなどの春の植物から触れ合いが始まり、より探索活動の範囲が広がるにつれ、トンボやバッタといった虫へと興味も広がっていきました。そして、キイチゴやフキノトウといった特定の季節にある物を探しに行くといった目的意識をもっての活動に繋がっていっています。

(6)身近で安心して遊べる地域の遊び場

　これらの紹介してきた園の近くにある遊び場は、子どもたちが小さな頃から慣れ親しんできた場所で、何度も何度も訪れている場所です。散歩カーに乗って現地まで行って、そこから探索を始めた子どもたちも成長し活動範囲が広がるにつれ、様々な経験をしていきました。「あの時はこうだったけど、今日はどうかな？」と以前訪れた時のことを思い出したり、「今日はあそこに行くのか。じゃあ、あれをやってみたいな」と経験則から予想を立てることができたりと、自分なりの楽しさを見つけることができるのが、長年、慣れ親しんだ場所での園外活動のよさであると考えます。いわばとても長いスパンでの遊びの連続性があるとも言えます。その場所その場所のよさを理解し保育計画に取り入れる

ことで、より豊かな園外保育の活動につながっていくと考えます。

　その際、気をつけなければならないことは、保育士が新鮮な気持ちで子どもたちと向き合っているかということだと思います。園の近くにあり、何度も何度も訪れた場所なので、保育士にとっては、「当たり前」なことが多くなってきます。4 歳児の汽車のエピソードでは、私は汽車が通るのを風景としか捉えていませんでした。一方で、その子にとっては、汽車は特別なものであり、汽車を見る園外保育はとても楽しみなことだったのです。地域資源を活かすにあたり、慣れ親しんだ地域だからこそ、どんな遊びができるのか、どんな楽しいことがあるのか、子ども目線で楽しさを常に追求することが大切なのだと気づかされました。こういった背景から後述する園外活動の振り返りに繋がっていきました。

＜散歩カーから探索をする 0 歳児＞

＜智頭の自然をイメージして
描いた協同画（5 歳児）＞

(7)園外保育を振り返って

　ちづ保育園では、子どもたちの発達に合わせながら、地域資源を活用し、園外保育を実践してきました。一方で、活動内容に慣習化や視点の偏り等がないか、何か見落としているところはないかという点もありました。そこで 2020（令和 2）年の春、統括保育士に相談し、職員会議の中で、園外保育の記録用紙の変更(6)をしました。以前の用紙にある【ねらい】、【評価・反省】、【特記事項】などに加えて、【10 の姿の視点と子どもの姿】を盛り込みました。この追加の目的としては、遊びの中で、子どもたちの遊びの姿を言語化し、10 の姿の視点と紐づけることで、保育士同士の共通理解を図っていくことや視点の発現数をまとめることで、園外保育での傾向を知るためでした。そして、2 年間の記録をとったことで少しずつですが、本園での傾向などが見えてきました。

<変更後の園外保育記録用紙>

園外記録用紙
月　　日（　　）

園長	副園長	統括保育士	合議	担当

	引率者	人数	
<活動内容>		りんご	人
		みかん	人
		計	人

<ねらい>	<10の姿の視点>	子どもの姿
	・健康な心と体	
	・自立心	
	・協同性	
<評価>	・道徳性・規範意識の芽生え	
	・社会生活との関わり	
	・思考力の芽生え	
	・自然との関わり・生命尊重	
<特記事項>	・数量・図形・文字等への関心	
	・言葉による伝え合い	
	・豊かな感性と表現	

　右下の太枠のところが新しく追加された部分です。この欄には子どもたちの姿を簡潔に記録します。例えば、エピソード1では（当時はこの用紙はなかったので振り返ると）、豊かな感性と表現の項目に「登場人物のイメージを膨らませる」、言葉による伝え合いの項目に「友だちにみどり入道のことを知らせる」など記入することとなるでしょう。

　ただし、現段階での園外記録用紙では、主となる活動のねらいに対しての視点と、それに付随した視点の区別がつかず、また、保育士の子どもの姿の見取り方で、発現数がばらついてしまっています。今後は、主となる活動に対応する視点にチェックを入れることや、書き方の統一といった共通理解などを進めていくなど、職員で話し合いながら改善していけたらと考えています。

　そして、これらの日々の園外記録用紙を月ごとにまとめたものの一部が次の表です。

2021年　4月

学年	10の姿の視点										実施数
	健康な心と身体	自立心	協同性	道徳・模範意識の芽生え	社会との関わり	思考力の芽生え	自然との関わり・生命尊重	数量・図形・文字への関心	言葉による伝え合い	豊かな感性と表現	
0歳児	14	0	6	0	6	0	12	0	5	2	14
1歳児	6	0	1	0	0	1	4	0	1	0	6
2歳児	2	0	1	0	2	0	2	0	0	2	2
3歳児	4	0	1	1	3	0	4	0	4	0	4
4歳児	0	3	1	1	0	0	3	3	2	3	4
5歳児	2	0	0	0	0	1	4	2	0		5

<2021年4月　園外保育記録用紙より抽出した10の姿の視点の発現数>

46

ただ、この数値のままだと、園外保育の実施数によって 10 の姿の視点の数に差がでてきてしまいました。そこで実施数を発現数で割ったものが下記の表とグラフです。

＜2021 年 4 月　10 の姿の視点/実施数の表とグラフ＞

学年	10の視点									
	健康な心と身体	自立心	協同性	道徳・規範意識の芽生え	社会との関わり	思考力の芽生え	自然との関わり・生命尊重	数量・図形・文字への関心	言葉による伝え合い	豊かな感性と表現
0歳児	1.0	0.0	0.4	0.0	0.4	0.0	0.9	0.0	0.4	0.1
1歳児	1.0	0.0	0.2	0.0	0.0	0.2	0.7	0.0	0.2	0.0
2歳児	1.0	0.0	0.5	0.0	1.0	0.0	1.0	0.0	0.0	1.0
3歳児	1.0	0.0	0.3	0.3	0.8	0.0	1.0	0.0	1.0	0.0
4歳児	0.0	0.8	0.3	0.3	0.0	0.0	0.8	0.8	0.5	0.8
5歳児	0.4	0.0	0.0	0.0	0.0	0.2	0.8	0.4	0.0	0.2

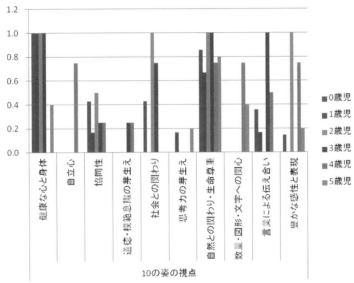

　数値が高いほど活動に対して発現数が多かった項目（視点）となります。このグラフから読み取れることを一部抜粋するとすれば、2021（令和 3）年 4 月の園外保育においては【健康な心と身体】の視点に関する子どもの姿が 0 歳児クラスから 3 歳児クラスにかけて多くみられたということや、全学年において【自然との関わり・生命尊重】の発現数が多かったということが挙げられます。これは、どの学年も春の自然物と触れ合うというねらいの園外活動が多かったためです。このように月ごとのデータを 2 年間分まとめました。

　ここでは他の月のデータは省きますが、全体的な発現数を見ていくと、本園では、全体的に抽象的な視点（自立心、思考力、豊かな感性と表現）の見取りに難しさを感じている傾向にあることがわかりました。1 つの活動・遊びの中

には、様々な子どもの姿があり、保育士がどう汲み取っていくか、その為にも、「姿」に気づけるよう、職員同士で共有などができればとよいと考えます。

　ただし、それを枠にはめてしまうことには、本当の意味での子ども理解にはつながりません。画一化した子どもの見方だけではなく、子ども一人一人に応じた理解を深めていくことがなによりも大切です。データから見る園職員全体の課題と方向性の示唆、そして、職員一人一人が深めていく子ども理解。この2つうまく活用することで、より豊かな園外保育の活動に繋がっていくと考えています。

3. いつもとは違ったドキドキ・ワクワクの園外保育

　少し話がそれましたが、上記で紹介した園周辺の遊びが日々の園外保育の中での遊びの連続性があり、見通しの持ちやすい安心した場の中での園外保育とするならば、これから紹介するのは、普段なかなか行かない場所でのドキドキ・ワクワクを経験することができる園外活動と言えるのかもしれません。

　2021（令和3）年の夏ごろに、3歳児クラスから5歳児クラスが地域の川に遊びに行きました。新型コロナウイルス感染拡大防止のため、地域の運動会や夏祭りといった様々な行事が中止、規模縮小されていく中、園長先生から「色々なことを中止にするのではなく、できる方向を考えていく」という方向性を示していただき、園内でも、「できることを探す」という運びとなりました。Withコロナとして、地域に出て、地域の資源を使って、子どもたちにいつもと違った楽しい経験ができないかと考えていったのです。

(1)川遊びで大冒険　〜地域の川を活用して〜

　今回は、2021（令和3）年度に川遊びに行った時のことを当時の5歳児クラス担当の河村紋加保育士、沖田祥吾保育士に振り返ってもらい、当日の活動の流れや子どもたちの姿、それを元に実施後に指導案の形にまとめていただきました。また、冬には、現在は閉校されている旧土師小学校の傾斜のある広い場所にいってソリ遊びをした時のこともエピソードを書き出してもらいました。

＜川遊びの実施後指導案＞

ねらい：川での遊びを通し、自然とのふれあい遊びを楽しむ			
時間	環境構成・教材	予想される幼児の活動	保育者の援助や配慮
9:15 9:30		バスに乗る 到着し移動する	
	・軍手、ピーラー ・作業台（椅子や岩）・食材 ・紙皿・スプーン・シート	◎昼ごはんの準備をする ・食材の皮をピーラーでむく （人参、ジャガイモ、玉ねぎ） ・火をつける枝を集める ・木に火をつけ、音を聞く	・職員が適当な大きさに切り分けたものをグループごとに準備する。 ・枝が必要なことを知らせ子ども達に集めるように伝える。 ・耳を澄まし、枝が燃えていく様子や音に注目できるように声掛けをする。
10:10		◎川遊びをする ・水たまりに足をつける ・石を積み上げる ・川のぼりをする ・服に着替える	・河原で石を積み上げたり、水たまりに足を入れたりして自分が好きな遊びを見つけて遊ぶとする。保育者はその様子を見守る。 ・川のぼりをすることを伝え、子ども達と一緒に川の抵抗に逆らいながら上流を目指す。 ・安全に川のぼりが出来るよう、保育者は前、後ろ、中間に立ち子どもの安全に目を配りながら川のぼりをする。 ・途中の大きな岩や木に上る場面では、子ども達を励ましながら、達成感を味わえるようにする。
11:15		◎昼食を食べる バスに乗り帰園する	・自分たちで作ったカレーライスを食べることで、友達と一緒に同じ時間を共有する喜びを味わう。

（沖田保育士作）

エピソード4 川遊び ～子どもたちの冒険の始まり～

　山の中なので川の水温も低く、あまり川遊びは楽しめないかも…という保育士の心配とは裏腹に、川をどんどん登っていこうとする子どもたちの姿に、「行ってみよう！」と川登りが始まりました。水の流れの勢いや、川底の石や岩の状況、深さが場所によって違うことを体で感じ、先を進む子どもたちがルートを開拓してくれました。少し抵抗感のあった子たちも、「こっちのルートなら行けそう」と勇気を出して進んでみたり、「深いところも通れた！」と自信になった子もありました。川の中には決まった道のりはなく、状況を判断しながら進んでいく子どもたちに学びの姿を感じた場面でした。（河村保育士）

＜橋下をくぐって＞

＜川のぼりを楽しむ5歳児＞

エピソード5 カレー作り

　自然の中でクッキングを楽しみ、火をつけるときにはみんなで枝を折って火種にしました。火が付く様子に興味を示す子も多く「うわ〜！煙が目にしみる」と目を潤ませる子。「煙がいっぱい出たら、次は火が出るんだな」と火のつく過程を観察する子。「パチパチ火の音が聞こえる」と耳を澄ます子などなど、実際に体験したことでそれぞれいろいろな気付きや学びがあったようでした。(河村保育士)

　保育園では何度もクッキング活動をしてきた子どもたちでしたが、外でのクッキングは初めてでした。心地よい気候の中、手際よく野菜の皮むきをしていく子どもたち。「先生できたよ。次は？」と待ちきれない様子でした。子どもたちは園での経験が外でも生かされていたことを実感し、日々の経験の積み重ねが確かな自信となり、力となっていることを確信できたのではないかと思います。(沖田保育士)

＜キャンプ場＞

＜カレー作り＞

　川遊びとカレー作りのエピソードからは、子どもたちのドキドキ・ワクワクを強く感じました。ここで注目したい点は、園での経験がこれらの活動の土台となっているということです。例えば、カレー作りでは、木を折って火種にしています。実は、園で毎年行っている焼き芋をする時に、園外保育で芋を焼くための乾いた枝や杉葉を集めるという経験しています。どんな物が燃えるために必要なのか記憶にあるのです。ここに日常的な園外活動といつもと違った園外活動とのつながりが垣間見えました。

(2) 雪遊びをしよう 〜旧土師小学校にて〜

　智頭町では、町内各地域にあった小学校 6 校が 2012（平成 24）年 3 月に閉校・統合され、4 月に智頭小学校が開校されました。その中の 1 つである旧土師小学校にバスで雪遊びをしに行った時の話です。

エピソード 6 頭脳戦の雪合戦

　旧土師小学校に行って、傾斜でソリ遊びをたくさん楽しんだ子どもたち。そして、子どもたちの雪遊びにはもう 1 つの楽しみがありました。それは、雪遊びで盛り上がる遊びの 1 つ、雪合戦。智頭町は雪がたくさん降るので、何日も継続して遊べることも利点です。最初は、雪玉を作って友だちや保育士に当てて、当て返して、と園庭中を駆け回る遊びでした。しかし、そのうち「チームに分かれよう」という声が上がり、広い場所に 1 本の線を引いて陣地を決めたチーム対抗戦へと発展しました。

　冬までにドッジボールやサッカーを好んで繰り返し遊んでいたので、チームで競うことの楽しさを十分に感じていたことが、雪合戦にも繋がったのだろうと思います。センターラインを引いて陣地を決める遊びは、ドッジボールからサッカー遊びへ生かしていた子どもたちだったので、すぐに思いついていました。その後、ただ投げ合うだけでは勝敗が付かないことから、《球があたった人は相手チームへ移動する》というルールが出てきました。そのルールもすぐに軌道に乗り、《2 回当たったら移動》《3 回当たったら移動》と少しずつ変化させて楽しんでいました。ルールも定着し、保育士も一緒に本気で雪玉を投げるのですが、遠くに逃げられるとなかなか当たらず…。子どもたちも雪玉が当たらないと面白さが半減したのでしょう。「遠くに行きすぎだで！」と怒り出す子が出てきます。そこから《遠くに行きすぎない》というルールが増え、その代わり、そりを持ちだして盾にしたり、そり 2、3 個を雪の上に立たせて"隠れ場""基地"のようなものが出来上がりました。基地で雪玉をせっせと作る子や、恐れずに基地から出て投げることを楽しむ子など、自然と役割分担もしているようでした。また、遊びの途中に友だちが「入れて〜！」と入って来ても「今あっちのチームが少ないけぇあっちに入って」と状況を見て友だちに伝えることがとてもスムーズになっていました。

　雪合戦という 1 つの遊びですが、雪上を俊敏に動き、やりたいことに向かって心と体を動かす〈健康な心と体〉、チームの仲間と役割分担をしながら力を合

わせて戦う〈協同性〉、自分たちで作ったルールを守って遊ぶ〈道徳性・規範意識の芽生え〉、ルールを考えたり、センターラインを作ったり、そりを基地にしたりと、より楽しくするために改良していく〈思考力〉、自分の住む地域でたくさん降る雪を、遊びにフル活用する〈自然との関わり〉、《3回当たったら…》など自分や友だちが何回当たったのかを考えながら遊んだり、どちらのチームが最後に多く残ったかの勝敗の確認などの〈数量への関心・感覚〉、「あっちのチームに入って」と伝えたり、ルールを提案したりする〈言葉による伝え合い〉など、10の姿に繋がる場面がたくさんありました。

　そして何よりも、「また明日続きしよう！」と何度も何度も遊び込み、腕が筋肉痛になるまで遊んだ経験は、いつまでも子どもたちの中に楽しかった思い出として残るのだろうと思います。子どもに混ざって遊び込んだ担任の私がそうなのですから。（河村保育士）

エピソード7〜そり遊び〜

　旧土師小学校の斜面を利用してそり遊びを楽しみました。大人でもちょっと躊躇してしまう様な斜面を子どもたちは勢いよく滑っていきます。途中でバランスを崩し転倒してしまう子も多くいましたが、すぐに立ち上がり「もう1回しようで」「次は2人で乗ってみる」と何度も繰り返し楽しむ姿が見られました。私たち保育士も負けてはいられないと子どもたちと一緒に競争して滑り下りましたが、すぐに転倒。それを見て、子どもたちも大笑い。子どもたちの楽しい、面白い、またやってみたい、そんな気持ちがたくさん溢れたひと時となりました。（沖田保育士）

　　＜土師小学校でのそり遊びの様子＞　　　　＜園庭でのそり遊びの様子＞

雪遊びとそり遊びのいずれのエピソードからも園での遊びからの発展があり、慣れした親しんだ園内で遊び込んでいるからこそ、ドキドキ・ワクワクする場所に行った時により面白い遊びが展開されるということが示唆されています。ただ、地域に出かけて遊ぶだけではなく、園内での活動のつながりも吟味していくことが大切だということをお二人の先生方から改めて気づかせていただきました。

<園での雪合戦>

<園での雪遊びの様子>

　今回紹介した活動場所は、私が智頭町に勤務してずいぶん経ちますが、思いもつかなかった場所です。この場所を提案して下さったのが園長先生や副園長先生、統括保育士の先生でした。先生方は地元の方で、智頭町に長く暮らしておられ、地域のことをよくご存じです。私もある程度、把握しているつもりでしたが、まだまだ智頭町のことを知らなかったんだなと改めて感じました。園長先生方がよく地域に出向きなさいとおっしゃっている意味がよくわかりました。地域のことをもっともっと深く知ることで、より充実した保育につながることがこの事例で知ることができました。

4. まとめ～地域で遊ぶことは地域を知ること～

　身近で安心して遊べる地域資源といつもとは違ったドキドキ・ワクワクができる地域資源の実践を紹介してきました。安心して探索ができる場、遊びの連続性から子どもが自ら遊びを模索する場、絵本の世界のイメージを広げる場、冒険心がくすぐられる場など様々です。本章をまとめるにあたって、私自身が強く感じたことは、子どもと一緒に地域で遊ぶことで地域を知ることにつなが

ったことです。園周辺の身近な場所に、どんな草花が生えているのか、どんな生き物がよく見られるか、そういったものは、遊びに行かないとわからないものです。また、事前に下見をしたとしても、まだまだ不十分で、子どもと一緒に子ども目線で遊ぶことで、より理解が深まっていくように感じます。それは、地域資源への経験知が子どももですが、保育士も貯まっていっているのではないでしょうか。

　また、2節7項でも述べたように、2017（平成29）年の保育所保育指針、幼稚園教育要領等の改定（改訂）により幼児期の終わりまでに育ってほしい10の姿が示されています。地域の自然がどんなふうに子どもの育ちにつながっているのか、どんなふうに保育士が活かせているのかを振り返ることで、「わが町にはこんなに素晴らしい場所がある」ということを子どもたちにフィードバックできると考えます。

　今回、紹介した実践は、主に自然環境に関連する地域資源についてでした。地域資源の中には、人と人との交流も含まれています。今後は、自然環境だけではなく、地域の人や社会・文化といった資源も活用し、保育に活かしていきたいです。

　鳥取県の有名な唱歌に「故郷」という曲があります。高野辰之作詞、岡野貞一作曲で「兎追ひし彼の山」のフレーズで有名な曲です。この曲の主題は、子どもの頃の野山の風景への懐古です。子どもたちが大きくなった時、「子どもの頃、あそこであんなことをしたなぁ。懐かしいなぁ」と子どもたちが思えるような、そんな子ども時代を過ごす1つのきっかけにできたらと思います。子どもの頃に楽しかったことは、歳を重ねても色褪せない大切な思い出となります。地域で遊び、地域を知り、地域を愛する、そういったことにつながる地域資源を大切にし、保育をしていきたいものです。

（註）
(1)　智頭町立ちづ保育園ホームページ
　　https://www1.town.chizu.tottori.jp/chizu/kyouiku/12/hoikujyo/6/（最終閲覧 2022 年 9 月 12 日）
(2)ルース・スタイルス・ガネット作、ルース・クリスマン・ガネット絵、渡辺茂男訳『エルマーのぼうけん』福音館書店、1963 年。なお、本書をもとにした保育実践として、岩附啓子・河崎道夫『エルマーになった子どもたち―仲

間と眺め、心躍る世界に―』ひとなる書房、1987 年があります。

(3) 古山浩一『ねこぶたニョッキのおつかい』(「こどものとも」752 号、2018 年 11 月号) 福音館書店

(4) JR 鳥取駅と岡山駅を結ぶ特急列車。途中、本園に近い第三セクターの智頭急行智頭線を走ります。

(5) この「遊びの系統図」は、鳥取大学附属幼稚園のものを参考に作成しました。塩野谷斉・佐分利育代編著、鳥取大学附属幼稚園著『またあしたあそぼうね―幼稚園は人間力の確かな一歩―』古今社、2007 年、p.52、参照。

(6) この園外保育記録用紙の変更にあたっては、吉澤英里・薮田弘美・前川真姫・安久津太一「森のようちえんの遊びで観察される『幼児期の終わりまでに育ってほしい 10 の姿』の特徴」『チャイルド・サイエンス』VOL.21、日本こども学会、2021 年、pp.58-61 を参考にしました。

謝辞

本章をまとめるにあたり、奥村園長先生をはじめ智頭町立ちづ保育園の先生方には大きなご理解とご協力をいただきました。保育活動をエピソードにして提供してくださった河村さんや沖田さん、『ちづまっぷ』の掲載を快く引き受けて下さった池田さんのおかげで本章が出来上がりました。皆様に心より御礼申し上げます。

第3章　園内環境と園外環境をつなぐ
～「ごっこ遊び」と「ごっこ性」の大切さ～

1. 保育環境とごっこ遊び
はじめに

　私が保育士として採用され勤務していた神戸市は、兵庫県の県庁所在地であり、政令指定都市です。このように書くと何だか仰々しい大都市のようですが、神戸市は9つの区で構成され、区によって大都市の側面、下町の風情、田園部、郊外の住宅地、と様々な表情を見せます。同じ神戸市内の園でも、所在地によって園を取り巻く環境は大きく変化します。

　私が勤めていた公立保育所は、JR神戸線沿線の駅前に程近い、住宅街の中に位置しています。定員は約120名、職員数はパートの職員を合わせて約40名、0～5歳児クラスが各1クラスずつ、7:00～19:00で開所する中規模保育所です。神戸・大阪方面への通勤の保護者も多く、駅近くに位置することで一定の利便性は保障されています。一方、豊かな自然環境が身近にあるわけではなく、街中ということもあって保育所の敷地、園庭も広いとは言えません。だからこそ保育者は、遊具の選定や園芸活動など園庭環境を最大限活かせる様々な工夫を行っていました。加えて、近隣の公園への散歩や電車に乗っての山登り遠足など、園外環境の活用を行ってきました。例えば、徒歩15分圏内に市立海釣り公園があり、芝生広場や木立が整備されています。また神戸らしく高台に位置する公園では、海に浮かぶ船も、海岸道路のトラックも、JRも山陽電車も見下ろせる場所がありました（公園までの急な坂を登って行くのも、また楽しいひとときでしたが…）。各保育者は園庭だけを保育環境とするのではなく、身近にある地域環境をも把握しつつ、海を見ながらの散歩、木立の中の散策、クラスみんなで電車の運転士さんに手を振る…など、子どもの多様な経験を保障しようとしていました。

　今回はそんな保育所で私が担任をしていた、5歳児クラス（28名）での実践を取り上げます。私が行っていた保育は何か特別な点があるわけでもなく、保育環境面の工夫が十分にできていたわけではありません。ただ気候や安全確保のための職員体制を考慮しつつ、私もなるべく散歩等で地域環境を活用したく考えていました。その中で心がけていたのは2点。1つ目は、園外での活動、地域環境での遊びを、普段の園での遊びとつながりあるものにしたいという点。

2 つ目は、園庭とは異なるある種不慣れな場所でも子ども自ら意欲的に環境に関わるように働きかけた点でした。なぜこの2点を意識したのかと言うと、普段から身近に主に自然をはじめとした多様な環境があるわけではない都市部の園における園外活動は、その時その場のイベント的な遊び、行事的な活動になってしまうという自身の反省があったからです。もちろんイベント的に普段できない経験をすることも大きな意味があると考えますが、せっかくなら子どもが「お客さん」ではなく、遊びの「当事者」として環境に関わるようにしたいと考えて保育を行ってきました。しかし十分に計画的に保育が行えたわけでもありませんし、保育者の空回りや援助のタイミングのズレなど反省点が多いのが実際のところです。その点では、「自分ならもっとこうするのに」「自分はもっと違うアプローチで保育を展開させる…」など、みなさんが保育環境について考える一つの叩き台となるのではと考えています。

　園庭をはじめ目の前にすでにある園内の保育環境を大きく改善するということはとても難しいものです。特に都市部や住宅地の中にある園において、いきなり多くの木を植えるなど園庭環境を大きく整備することは多大な労力も時間も費用も掛かることでしょう。だからこそすでに地域に存在する園外環境を活用する意味はとても大きいと考えます。それは普段、園内環境にない何らかの要素を園外環境から取り入れられるからです（経験するコト、獲得するモノ、どちらも含んで、です）。ただし一口に園外環境と言っても、様々です。整備された公園やグラウンドかもしれませんし、裏山、木立、道路であるかもしれません。自然が豊かである場合もあれば、限られる場合もあるでしょう。園外で誰かに出会って何かを経験すること、地域の人や地域文化も大切な地域環境となる場合もあるでしょう。園外環境もまた多様です。そしてこれは子どもも保育者もある種、選ぶことはできないものです（頻繁に居住地域を変更することは現実的ではありません）。だからこそ大切なことは、園内環境と園外環境とをつなぐという視点、どうしたら園外環境に子どもが主体的に関わっていけるのかという視点であると考えています。

(1)園内環境と園外環境をつなぐ
①子どもが園外に出かけたくなる仕掛け
　ではどのように、園内環境と園外環境をつないでいけば良いのでしょうか。例えば保育者はただ散歩や遠足を設定するのではありません。子どもが園外に

出かけてみたくなるような、園外環境に進んで関わろうとするような仕かけや工夫を、保育者は子どもたちの喜ぶ姿を想像しながら生き生きと行います。私もたくさん諸先輩方から学ばせていただきました。例えば、散歩の下見で色づき始めた葉っぱを拾っておいて「こんなきれいな色の葉っぱがあったよ」「見に行ってみようか？」と誘い、実際に葉っぱを見ながら「ちょっとずつ色が変わっているね」と変化に気づけるような声をかけてみたり、「今日は電車の運転手さん、バイバイしてくれるかな？」と散歩を楽しみに思えるような、明るい見通しの言葉かけを行います。子どもが自ら「行きたい」「やってみたい」と思い、主体性を発揮できる関わりにこそ保育者の専門性が込められています。そしてここに園内環境と園外環境をつなぐ鍵があると考えています。

　ちなみに私の場合は山登り遠足の下見時に道標などポイントを撮影しておきます。写真を見せながら、紙芝居風に話をしながら見通しと期待を持ってもらえたら…という主な意図です。ただそれだけではややおもしろみに欠けるかも…と疼いてしまい、いかにも雰囲気のある夕刻の鳥居の写真を見せながら…。

保育者　　：「少し違う道に入ったら、こんなんあったよ」「何なんだろうね…」
子ども①：「なんかぶきみ〜」
子ども②：「こわーい」
保育者　　：「なんか怖いよね〜」「じゃあここに行くのはやめとこうか」
子ども①：「だいじょうぶやし」
子ども②：「こわくないし」
保育者　　：「後ろに謎の建物もあったし、じゃあみんなで行ってみようか」
　　　　　　「冒険みたいだね！」
子ども　　：「・・・」

（これは当時記録した事例ではなく、当時のやりとりを再現してみたものです。）

…というような何気ないやりとりを楽しんでいました。別に怖がらせたいわけではないのです（もちろんフォローもします）。山登り遠足というイベントに行くだけではもったいないので、そこに冒険や謎解きのおもしろさをプラスさせて、その前後も楽しめる活動にしたいと考えていました。冒険隊の気分や本当は何か怖いものがいるのかもしれないと子どもの想像性を刺激するような働きかけ…言わば「ごっこ性」を伴うような活動にしていくことを意識していまし

た(と言うよりも、私自身が子どもと一緒に楽しみたい面も大きかったですが)。

②山登り遠足を振り返ってみて～子どもが主体的に環境に関わる視点～

　山登り遠足についてここでもう少し、振り返りを行えたらと思います。私が勤務していた保育所では年に1回、須磨浦公園という場所に電車に乗って遠足に行っていました。山登りとは言うものの、公園内の散策コース(歩道や階段もあれば、緩斜面を登る箇所もあります…ちなみに本気で臨めば六甲山縦走のコースにもつながっています)を歩き、登ります。コースによっては体力的な負荷も変化してきます。どのコースでどこまで挑戦するのかは、その年度の子どもたちの様子に合わせて選択をします。前述の下見時の写真をご覧ください。

少しでもイメージが伝わりますでしょうか。公園として整備されながらも、山としての雰囲気も味わえる場所となっています。神戸は平野が狭く、海と山がすぐ近くに迫ってくる地形です（結果、100万ドルの夜景をはじめ景色が美しいのです…この山登りでも景色がきれいな見晴らし台を目標に歩くことにしました）。ですので見方を変えると、都市部にありながら身近に自然を感じやすいとも言えます。家庭によっては普段から登山に出かけたり、アウトドアに親しんだりということもあります。一方で、これらの経験は家庭の意向や趣味に左右される、とも言えます。なぜなら生活と自然が密着しているというよりも、自然との関わりはイベントやレジャーとしての側面が強いからです（それを否定しているわけではありません）。つまりクラス内には、登山に慣れている、自然に親しんでいる子もいれば、全くそうではない子もいるわけです。前述の通り、山登り遠足という行事では身近な自然に親しみつつ、普段の生活では経験しない斜面を登る、下るなどの身体面の経験を得ることができます。しかしそんな活動や経験のみを切り取ると、普段から家庭で自然に親しんでいる子たちにとっては物足りないかもしれませんし、逆に経験が少ない子たちにとっては、いきなり活動としてハードルが高い可能性もあるわけです。つまり自然に触れる、身体を動かす経験は保育の大切な結果であって、子どもたちがその経験を得る過程でどれだけ主体的に環境に関われたのか、という視点が求められることになります（加えて、今後の子どもたちの興味や実際の活動につなげられたら、とも考えます）。例えばクラスみんなで冒険に行く、怖いけれどクラスの友だちとなら手をつないで暗がりにも入っていける…。自然との関わり、身体を動かすことへの新鮮味や気づき、負荷は個々によって異なるけれど、クラスの友だちとの楽しい遊びの延長線上で環境に関わり、結果として様々な経験ができた…このような形で保育を行いたいと思ってやってきました。同時に、遠足は行事なのですが、遊びとして遠足前後の活動と連続をさせたいという思いを持っていました。

③山登り遠足を振り返ってみて〜当時の保育者のねらいと評価から〜

　当時の週案を振り返ってみます。週案の遠足に対してのねらいと評価は以下の通りです。

ねらい：「山登りに向けて気持ちを高めつつ、当日を楽しみ、その余韻を感じつ

つ、遊びに取り入れる。」

反省　：「山登り遠足では、しっかり足腰を使って、登り・下りをする経験と“あ
　　　　やしい”雰囲気を感じて冒険遊びをする両面を楽しめた点はよかっ
　　　　た。」

と記載がありました。ここだけを見ると何やら上手くいったような書きぶりで
すがそうでもないことが、遠足前日の保育日誌を振り返ってみるとわかります。

ねらい：「遠足の前日でもあり、山登りに向けて身体を動かして（修行）遊べる
　　　　ようにする。」
反省　：「主活動が変更となり、様々なアイデアが出て遊び込めた点はよかった
　　　　が、山登りに向けた盛り上がりは今ひとつとなってしまった。」

　なかなか上手くはいかないですね…。当時は別の遊び（国旗づくりなど）が
個々の興味に応じて継続的に楽しまれており、その流れを切って山登りに向け
て「修行」ができなかったということです。この辺りは、活動にメリハリをつ
けたらよかった…と今になって思うのですが。最後に当日の事例と保護者への
連絡を見てみます。

事例：「山登り遠足」（11月19日）
　山登り遠足ということで、電車に乗って須磨浦公園に出かける。この公園は
一応六甲山の縦走コースにもつながっており、階段状の登山道とは言え、眼下
に海を臨む、手軽だが山道らしい雰囲気を有している。
　クラスの子どもたちも山登りということで、坂道を勇んで登ったり、音を上
げたり（そうは言いつつどこか笑顔で楽しんでいる）、あえて脇の未舗装の所を
歩いたり、まさに全身で（普段の保育所生活ではなかなか経験できない）“自然”
との関わりを楽しんでいる。
　他方、山登りの途中では、脇道を目にしては「あやしい」「なんかあやしい」
というつぶやきや、「やっぱりあかり持っていったほうが…（よかった）」「人数
数えたら…一応（山の中では、知らぬ間に子どもが増えてるかも…という話を
直前にしていた）」とただの山登りではないような（冒険？心霊体験？）一言。
そして脇道に入って鳥居や祠を見に行こう（事前に写真に撮って紹介していた）

と誘った際には、3〜4名が怖がって行かなかったりと、全身活動としての面だけではない、楽しみ方があった。

　帰所後は、「なんで鳥居壊れとったんやろ〜」という振り返りの言葉もあった。
遊びの連絡欄
　「今日は無事天候に恵まれて、山登り遠足に行けました。さすが〇〇組！ということで、山道の往復もしっかり元気に歩くことができました。暗がりは『あやしい！』と言いながら探険気分でした。」

　いかがでしょうか。何の変哲もない実践で恐縮ですが、山登り遠足というせっかくの機会に少し「ごっこ性」を加えてみると、何だか子どもが「ノッてくる」感覚があるのです。冒険気分で普段なら入らないところに入ってみる、登ってみる、触れてみる…その動機やきっかけとして、冒険家風、探険隊気分など「ごっこ性」が生きていると感じます。「ごっこ性」は幼児期の特徴と言われます。「ごっこ性」を子どもの活動への動機として、結果的に普段の生活＝園内環境から園外環境へとつなぐ橋渡しとなった事例を（またその逆となった事例を）見ていきたいと思います。私の実践は拙いです。しかし事例に出てくる子どもたちはとても魅力的です。いくつかの事例を通して、みなさんの園外環境活用について考える機会に、また議論の機会にしていただければ幸いです。

(2)「地域環境活用の意義と実践」なのに…
①なぜごっこ遊び？

　さて本書のテーマは保育環境のはずなのに、なぜごっこ性やごっこ遊びが話題になるのかと思われる方も多いと思います。脱線したようにも感じられる話題提供ですが、ごっこ性は幼児期の子どもを語る上では欠かせない視点となります。と言いますか、私自身が子どもとの生活を、遊びを楽しむ上では欠かせない視点でありました。ごっこ遊びと言えば、まさに幼児期では目にしない日はないほどの遊びだと言えるのではないでしょうか。ままごとに戦隊ヒーローごっこは、みなさんがイメージする通りの「ザ・ごっこ」ですし、ヒーローがプリントされたTシャツを着て「その気」になっている姿も、ごっご性を感じます。また少々不気味な神社をお参りしてみるような時の、冒険隊になったようなワクワク・ドキドキ感、保育者に「隊長がんばって」と言われて勇気を出す子どもの姿にも、（一般的にイメージされるごっこ遊びという悠長さはあり

ませんが）ごっこ性や憧れから来る力を感じます。

事例：「赤ちゃんだから座る」（5月30日）

　午睡後、なかなか次の行動に移らないことが多い、A児。しかしこの日は3時のおやつ配膳時に、着席して笑顔を見せている。「今日ははやいね！」と保育者が声をかけると、

A児：「だって赤ちゃんしててんもん」

B児：「Bちゃんがおかあさんなって、赤ちゃんの手伝いしてあげたからね」

と2人で顔を見合わせながら話している。

　何気ない日常の一コマです。この事例では普段の自分だとなかなか次活動に移らないA児が、直前のごっこ遊びを引きずりつつ「赤ちゃん」になったことで、すんなり「おかあさん」の言うことを聞いています。結果、現実のA児の姿として第三者から見ると、場面に応じて気持ちを切り替え、着席をする＝次活動に移ったということになろうかと思います。ごっこ遊びについて、心理学者ヴィゴツキー（2012）[1]はごっこ遊び＝「虚構場面を伴う遊び」こそが、幼児期後期（4～6歳頃）の遊びを特徴づけていると述べています。それは、ごっこ遊びの中なら普段できないことをしてしまう姿が見られるためと言います。例えばままごとなどでおかあさん役をしようとする時があったとします。ごっこでは、「『おかあさんになる』という憧れ＝願望」が遊びの動機であると言えるでしょう。しかしごっこの中では同時に「『おかあさんらしく』振る舞わなければならないきまり＝ルール」に従う必要が出てきます。ごっこ遊びの中では気づかない内に、「憧れ」を抱いている存在になるために「ルールに従う」という関係が成り立つのです。「憧れ」を「憧れ」らしくするためのルール、つまり振る舞い方が実は決められているからです。子ども役の子がお菓子を食べられるのに対して、おかあさん役の子は食べようとしません。実際にはお菓子を食べた方が満たされるはずなのに、子どものお菓子を食べてしまったら憧れのおかあさんではなく、「おかあさんになる」という当初の遊びの願望は達成できなくなってしまうからです。憧れに支えられた遊びの願望を叶えるために、子どもはごっこ遊びが持つ、現実的に規定されたルールに従うことになります。つまりごっこ遊びの中では、現実場面での姿よりも「進んだ」姿を見せることがある、ということになります。ヴィゴツキーは幼児期後期の子どもたちのごっこ遊びについて、「遊びの中では、明日には子どもの平均的な現実的水準やモラ

ルになるような、高次の達成が可能になる」と述べています。つまり遊びの中での行為や振る舞いは、平均的年齢や普段の生活における行為よりも「上位」にあると言えます。ヴィゴツキーは、ごっこ遊びは子どもの全人格的変化を主導し、「発達の最近接領域」を構成すると論じています。つまり幼児期後期の子どもにとっては、ごっこ遊びこそが子どもの育ちを後押ししていると言うことができるということになります。

②ごっこ遊びは枠や型のある遊び？〜気まぐれで変幻自在なごっこ遊び〜

事例：「きららひめとふつーのあたし」（11月27日）

クラスでは2つの製作コーナーとお姫様ごっこがそれぞれ展開されている。1つの製作コーナーは、ドングリの転がし絵を行っているのだが、保育者が「どんぐり屋ですよ〜いらっしゃい！」と声をかけていく。すると、客としてやって来る子もいれば、色をつける画用紙を箱に固定する役、絵の具をつけたどんぐりを箱に入れる役…と自分たちで店員の役を作り、「〜ですよ」など口調も変わっている様子がある。一方、3種類ある色のうち「青は売り切れやで！」など、どこか競い合うことを楽しむ姿もある。

製作遊びにごっこの要素が加わったような形で遊びは進んでいき、他のコーナーの子も参加するようになる。

そんな中で、先程までカチューシャなど髪飾りを作り、プリンセスごっこをしていた女子たちが参加する。「私はジャスミンよ」など名乗ったり、「んー！！」と赤ちゃんのような声を出したりするが、転がし絵をする姿は、この行為自体を楽しんでいる様子である。

また"プリンセスごっこ"をしていると思い込んでいた女子に「Cちゃん誰なん？」と尋ねるも、「あたし、ふつーやで」とそっけなく返されてしまう。

ただその後、C児の仕草が変わったように感じられたので尋ねてみると、「あたし、きららひめ」「きらきら（作ったブレスレットが）やから、きららひめ」と言い、"なっている自分"を楽しみ、その上での友だちとのやりとりも楽しんでいる。

ごっこ遊びについて研究をしていた加用（2010）[(2)]は、ごっこ遊びにおける子どもの振る舞い方はまさに多様で、その都度変化し得るものである点を強調しています。加用はそんな子どもの多様な振る舞い方を、「多視点態度性」と命

名しています。「多視点性」とは、例えば、信じる・信じないという視点、それすら気にしない視点、イメージだけ残している視点等、ごっこ遊びにおいて子どもの視点が多様であることを示す概念です。また「多態度性」とは、仮に同じ視点に立っていても、その時のまわりの環境や仲間、その時の気分で、遊びはいかようにも変化していくことを指しています。事例「きららひめとふつーのあたし」を見てみると、まさに変幻自在。どこまでが現実の製作遊びで、いつごっこの世界に入っているのか、などこちらが線引きを行うことは不可能だと思われます。ごっこ性を持った子どもの振る舞いは、都度変化し、ゆれ動いていると実感する事例でした。

　また先程の事例「赤ちゃんだから座る」にしても、A児はいつまでも赤ちゃんでいるわけではありません。それは自ら「だって赤ちゃんしててんもん」と振り返っていることからもわかります。しかし、完全に赤ちゃん気分から脱しているわけでもないのかなとも思います。このA児の姿からも、赤ちゃんらしく振る舞うという「その気」になってみたり、そうかと思えば普段の自分になって語ってみたりと、子どものごっこ遊びでの姿は、まさに変幻自在であると言えるでしょう。

　2つの事例で見られた遊びは、ふと「○○になった気分」や「○○みたいになりたい」と一瞬、普段の自分とは「少し」違った自分になるというものでした。ごっこ遊びは、大人がイメージするように「○○になりきって遊ぶ」と、簡単に割り切れる遊びではないと言えるでしょう。イメージとしては、普段の自分に、別の誰かの要素を付け加えるという状態でしょうか。1つ目の事例では「A児＋赤ちゃん」のA児でしょうし、2つ目の事例では「ふつーのあたし＋きららひめ」のC児と言えるでしょう。大人でも共感できることはあると思います（私自身は非常に思い当たる節があるのですが…）。私は筆記用具が好きで、少し高級（風に見える）なペンや筆箱を机の上に置いておくだけで、「仕事ができる人」になったような気分を味わって仕事に熱が入ります。格好良い車をスマートに乗りこなす大人なスパイの映画を見た帰り道は、憧れのスパイのように紳士的な運転をしてしまいます。興味を持つことや何に憧れを持つのかで変わりますが、大人でも自然と自分の振る舞いにごっこの力が作用していることはあると思います。ごっこの力を借りて、普段とは少し違う自分になってみる楽しさを味わえるようにする。そのためにはどのような保育環境を構成し働きかけを行うのか、この視点が園内環境と園外環境という、異なる世界をつなげ

る上でも有効になってくると考えています。

③ごっこ遊びの中で環境を作り変える子どもたち

　ここまでごっこ遊びが幼児期後期の子どもたちを特徴づける遊びであることを、ごっこ遊びは単純に「おままごと」などと命名される遊びではなく変幻自在…いつでも「その気」になって楽しめることを確認してきました。幼児期におけるごっこ遊びの持つ力はすごい、とこれは実感を持って言えます。それはごっこ性が原動力となり、普段できないことができたり、普段とは異なる人間関係を築けたり、環境に意味づけをすることで新しい遊びの楽しみ方ができるからです。しかしそれはあくまで結果であって、ごっこ遊びの力を目的の達成のための手段としてしまっては、一気にその魅力を失い、遊びとしての継続を失うこととなります。例えば1つ目の事例で、様子を見ていた保育者が「あなたは赤ちゃんだから、おかあさんの役の子の言うことを聞いて着席してね」と指定してしまうと、自ら行動しうれしそうにできたことを報告するA児の姿は見られたでしょうか。2つ目の事例でも「今は製作をするのだから、まじめにしなさい」など声をかけてしまうと、進んで製作をしつつも遊びを継続させて楽しむ姿は見られなかったでしょう。つまりごっこ遊びというのは、なりきることや憧れの誰かの要素を自分に付け加えることが楽しい訳で、それによって得られる何かができた姿はあくまで結果であって、結果を求めてしまうと、そもそも遊び・活動への動機を失ってしまうと言えます。加えて保育者による働きかけの仕方によっては、容易に消滅し得る遊びであると言えます。

　それではごっこ遊びにおける保育者の働きかけ方とは何でしょうか。それ以前に、ごっこ遊びと環境にはどんな関連があるのか、まだ全然見えて来ないと思われている方も多いことでしょう。実は、ごっこ遊びというのは身のまわりの環境を子どもたちなりに作り変えていく遊びであると言えるのです。何を壮大なことを言い出すのか…と思われるかも知れませんが、実に子どもの世界ではありふれたことです（逆にどうして大人になった自分たちは、見方を変えること、違う視点で物事を見ることができないのか…と思うことも多いですが）。

事例：「不当逮捕」（5月16日）
　5歳児保育室や廊下で、製作遊びや昆虫の観察、粘土遊びを各々楽しんでいる自由遊びの場面。

D児とE児とF児は製作コーナーで空き箱や端紙で作ったお菓子、台、硬貨を使って、スーパーごっこを始める。

　一方、G児とH児は同じく製作コーナーで作った、バッジや手帳を作って警察ごっこをしている。

　保育者はスーパーで買い物をしているが、誤って商品をひっくり返してしまう。すると店員役のE児が、

　E児「ちょっと何するの〜もう逮捕です！警察に捕まります！」
と大きな声を上げて、保育者を捕まえる素振りを見せる。

　すると同じ室内のG児とH児が聞きつけ、その場にやって来る。

　H児「何ですって」

　G児「捕まえますね」
と言って、保育者を牢屋へ連れて行こうとする。

　その後、保育者を牢屋に留め置こうとする遊びに変化した後、またそれぞれの遊びに戻っていく。

　めちゃくちゃな事例です。しかしこんな何気ない毎日の一コマが楽しいわけです。子どもたちはスーパーの店員から警察官まで変幻自在です。ごっこ遊びの柔軟さは、別々の遊びであったスーパーごっこと警察ごっこをもつなげます。そんな楽しい世界を支えているのは、子どもたち自身が空き箱や端紙などの素材を作り変えた種々のグッズです。そして即席の牢屋です（ただの隙間ですが）。ごっこ遊びの中で子どもは自然と、身近な環境について、「ここは牢屋」「秘密基地」と新たな意味づけをしたり、「これは警察手帳」「懐中電灯ね」と様々な環境（素材）を作り変えるように製作物を作る姿があります。子どもたちによる身のまわりの環境への意味づけ、環境の作り変えは変幻自在です。

事例：「富士山造成」（6月19日）

　昨日から砂山を置いておき、今日も砂山づくりに励む。はじめは大きくすることに夢中になっているが、「富士山」という言葉を誰かが発したことをきっかけに、道路や山小屋など保育者が経験し見たことを伝えたりしながらそのやりとりも楽しんでいる。それで共通のイメージがもてたのか、山に螺旋状の道路を作って車の玩具を走らせたり、途中に山小屋、頂上に保育所を作ったりとイメージを伝え合いながら遊びを楽しんだ。入室の時間になったが、置いておこ

うと保育者も提案し、「さわらないでね」という表示も書くことを提案した。書きにクラスに向かったが、結局わからないということで表示はしなかった。その後クラスの自由遊びの際に今日作った富士山の絵を配置など正確に地図状に描いていた。

　この事例では、子どもたちは共通の「富士山」のイメージをもちながら、時に話し合いながら、砂場を作り変えて遊んでいます。砂場遊びでは、子どもが意味づけをし、作り変えるばかりではありません。同時に、砂の性質によって、イメージを引き出されている、とも言えます。砂は水分を含むことによって性質が大きく変わり、可塑性のある素材であるとされますが、この事例の遊びは、子どものイメージと砂の性質とが相互に刺激し合い、影響を与え合いながら、遊びが進んでいったと考えることができます。

④園内環境と園外環境をつなぐごっこ遊びと保育者の専門性

　河崎（2015）[3]は、ごっこ遊びと環境との関わりについて言及をしています。1つ目に、子どもは想像したことに基づいて環境に働きかけ、例えば遊びで使う道具を作るという形で現実を変えます。子どもは環境を変える一方で、環境から多くの刺激を受けます。環境に関わって遊ぶ中である環境に合った身のこなし方など新たな知識やイメージを獲得していきます。同時に、想像を刺激され、新たなイメージのもとに、環境を作り変えていく…。まさに素材を作り変えて何かのグッズを作ったり、秘密基地など場所に意味を与える営みは、環境との関わりそのものと言うことができます。子どもは、環境に影響を受けつつも、自身でも作り変えていく存在であるということです。

　2つ目に、河崎は保育者の環境構成の重要性を述べています。例えば、モノをつくろうとする子どもの想像を実現できる物的環境を用意しておく必要があります。また、子どもの想像そのものをかき立てるのが現実であることから、豊かな保育環境として整備し、保障することが、保育者の専門性にも関わるとすることができます。

　昨今、子どもたちの経験不足が危惧されています。河崎はその点でも、多様性を持つ環境を有効に活用し、子どもの経験を保障する重要性を述べています。河崎は多様性を持つという観点から、保育環境としての自然、半自然、屋外の優位性を主張しています。河崎によると、半自然とは田んぼや畑など、人間が

少しずつ手を加えて、変化をさせて、共存してきたもの。屋外とは、都市空間を含んだ人工的な空間としています。本書では、園内環境に対置するものとして園外環境を述べていますが、いずれにしても、屋内に比べて圧倒的に多様性に富んだ環境である園外環境については、この自然、半自然、屋外を含んでいるものと考えることができるでしょう。

しかし園内環境と園外環境の間には距離があります。特に保育者視点で考えると、都市部などで園外に出る際に交通量の多い道路を通る必要がある場合、それだけでも物理的な距離に加えて精神的な距離を感じることとなります。頭では園外活動の重要性を理解していても、園内ではできない経験を保障するべきだと考えていても、なかなか一歩目が踏み出せなかったりもします。またしっかりと職員体制が整った日を選択し、計画的に園外に出ることとなります。結果的に、園外に出ることを決めるのは大人の判断ですし、これは安全確保のため、当然の部分でもあります。だからこそ、園内と園外とつなぐ「間」をどのようにするかという視点が求められることになります。

河崎が指摘したように、ごっこ遊びと環境とは切っても切れない関係にあります。子どもはまわりの環境に刺激されてごっこ遊びの世界を楽しみ、その想像を使って環境を新たに作り変えて（創造して）いきます。大切なのは計画された園外活動の際に、どれだけ子どもが主体性を持って、環境に関わろうとするのか。園外で得た経験をどれだけ、園内での活動につなげられるのかという「間」への視点です。

2. ラグビーごっこ
(1) 実践例について

主に 2 つの視点で実践例を紹介したいと思います。1 つ目は、園内から園外への「間」となったごっこ性についてです。2 つ目は、逆に園外から園内への「間」となったごっこ性についてです。

1 つ目については、主にラグビーごっこの実践を紹介します。狭い園庭でごっこ遊びとして始まったラグビーが、様々な変遷を経ながら、最終的にはスポーツの要素を持つタグラグビーを広い芝生広場で楽しむに至ったという事例です。保育者は当初、ラグビーというルールのあるスポーツを広い場所＝芝生広場で遊ぼう、という保育の組み立ては行いませんでした（それは当時の月案を振り返ることで、確認してみようと思います）。しかし結果的には、幼児期後期

らしく自らルールに従い身体を使って楽しむラグビーを、それに適した広いスペースで行うに至りました。ラグビーという活動をつなげていったごっこ性と、子どもたちが身近な環境からどのような影響を受け、逆にどのように意味づけをしていったのかを振り返ってみたいと思います。またその過程での保育者の関わりについても振り返りを行います。

　2つ目は園外環境から園内環境へのつながりですが、祭りごっこの事例を挙げたいと思います。これは地域の祭りに参加した経験から神輿づくりの製作につながり、イメージを出し合いながら神輿を完成させ、保育所内を練り歩いて祭りごっこをして遊んだという事例です。ここでの園外環境は自然というよりは、神輿をはじめとした地域文化と言えるでしょう。子どもにとって本物を見ること、憧れを持てるような経験を得る機会が園外環境にはあり、結果的には本物への憧れがごっこ遊びへとつながり、園内環境を「変えて」遊んだ実践を見てみたいと思います。

　いずれにしても、保育者として力量がある実践でもなければ、すごいと思われるような実践でもありません。誰でも行い得る、ありふれた実践です。ただ、ごっこ遊びを楽しむ中で様々な環境から刺激を受けつつ、自分たちで環境に意味づけをしながら主体的に遊びを楽しんでいく子どもたちの姿を振り返ることで、子どもと環境の関係について、そこに関わる保育者の役割について、考える機会にできれば幸いです。

(2)ラグビーごっこの全体像

　5歳児クラスでのラグビーごっこが楽しまれたのは、9月〜11月にかけてでした。一旦遊びとしては落ち着きますが、保育所修了間近の2月3月にも再度盛り上がる場面を見せます。遊びのスタイルとしては、男児を中心にメンバーを入れ替えながら自由遊びの中で始まり広がっていきました。つまりクラス全体を巻き込んでの遊びというわけではありません。ただ、背景にはクラス全体で取り組んだ遊びもあり、相互に遊びが影響を与え合い、絡み合いながら進んでいったと考えられます（結果的にこの後、国旗づくりなどクラス全体の遊びにつながっていきました）。保育者が遊びを主導することはなく、また保育者としてもクラスの中心の遊びにするよう意図したものでもありませんでした（一方で、ラグビーごっこ自体もクラス全体の楽しい遊びに広げられる可能性はあったのでは…と振り返ります）。

ラグビーごっこが盛り上がった時期を見て、すでにお気づきの方もおられるかもしれません。実を言いますと、この遊びは運動会という保育所のビッグイベントと時を同じくして楽しまれていた遊びでもあったのです。またその後も、5歳児交流会[4]でのドッチボールなどクラスの主となる活動があるその裏で楽しまれた遊びでもありました。では担任である私は、ラグビーごっこをどのような遊びとして捉えていたのでしょうか。次ページ以降の当時の月案を振り返ってみましょう。

　9月の段階ではラグビーごっこについての記載はありません。逆に運動会については、「内容」のうち5領域のほとんどで触れられており、保育者が主な活動として捉えていることが理解できます。つまりラグビーごっこは保育者の意図しない部分で子どもが見つけ出した遊びと言うことができます。この点については、ある種保育者の反省点でもあると考えられます。どうしても行事に向かっていく中では、行事に向けた活動一辺倒になりがちです。月案という保育の計画の中で、そうではない時間を保障するための手立てを具体的に想定しておくことが大切でしょう。一方で、その時々の子どもの思いつきや発見を十分に拾い得る柔軟性や余裕を確保することも大切であると言えるでしょう。

　10月の月案ではラグビーについての記載が登場します。9月の子どもの活動を捉え、月案の中に落とし込んだという形になります。1つは領域「健康」の中で、「運動会に向けた遊びの中でからだを動かすとともにラグビーなど、興味のあるスポーツを遊びの中で取り組み、からだを動かす楽しさを味わう。」としています。加えて領域「表現」において「ラグビーやまつり、芋ほりなど経験したことをごっこあそびや製作あそびなどで表現しようとする。つくった物であそんだり、ごっこに取り入れようとする。」と記載されています。こうして当時の月案を振り返ると、保育者（当時の私）はラグビーを領域「健康」における視点すなわちスポーツとしてのラグビー、領域「表現」における視点すなわちごっこ遊びとしてのラグビーの2つの視点で捉えていたことが再確認できます。また領域「人間関係」に記載されている「友だちとやりとりをしたり、友だちのあそびに気づいて刺激を与え合うなど、一緒にあそびをつくったり進めていく楽しさを味わう。」、領域「環境」での「自分の知らなかったことに気づくとともに、経験したことを保育環境に取り入れることで、あそびにつなげたり取り入れたりする。」という保育の内容は、ラグビーに焦点化したものではありません。ただラグビーや地域の祭り（祭りについては後述します）など、身

近な環境との関わり合いの中で、子どもが環境を取り込み、環境から刺激を受けつつ、身近な環境を作り変えながら遊んでいくことを想定していたと考えられます。

　11月の月案では、ラグビーについては「子どもの姿」で触れられていますが一方で、「内容」においてはラグビーを念頭に置きつつも他の遊びが登場しています。領域「健康」において「ドッチボールなどボールあそびでからだを動かしたり、山のぼりで坂道を経験したりする。」とあるように、活動の主としてはドッチボールが想定されていることが考えられます。また「ねらい」に「ドッチボールなど、決まりのあるあそびの楽しさを知り、ルールを守りながら、友だちと楽しんであそぶ。」、「振り返りの視点」に「ルールのあるあそびの楽しさに気づき、友だちと楽しめたか。」とあるように、ルールのある遊びを楽しむことが活動の大きな軸に移行していることが確認できます。見立てを楽しむごっこ遊びから、徐々にルールのある遊びを楽しむに至るというのは、幼児期後期の発達の道筋とされています。保育者としては、ラグビーごっこからドッチボールへの活動の変化、流れを想定していたのでしょうが、実際はどうなっていくのでしょうか。この後、事例を振り返ってみたいと思います。

　以上、当時の月案を振り返ってきました。保育者にとって、ラグビーごっこは意図した遊びではありませんでした。子ども発信の遊びだったと言えます。ただ次月には保育者自身もラグビーごっこに「乗っかる」ことで、保育の計画に取り込みます。保育者なりに意図を持って（11月の月案に書かれているように、ルールのある遊びを楽しむ活動へという意図）、様々に働きかけを、環境を整備することとなります。果たして、その保育者の働きかけ、環境整備はラグビーごっこにどのような影響を与えたのでしょうか。事例を通して、ラグビーごっこの経過を見ていきたいと思います。

9月 指導計画　5歳児（　　組）

所長	主任	担任

子どもの姿

生活面では、「大切な話」という言葉に注意を向けて集中して話を聞こうとする姿がある一方、そうではないとの差が見られる。あそびでは、オバケ屋敷づくりやオバケ屋敷を経験する中で、同じ目標をもってあそぶ姿が見られた。また以前とは異なる友だちとかかわってあそぶ姿がある。

ねらい

養護　一人一人のがんばりや努力を認めることを認め合えるようにし、次への見通しをもてるようにすることで、意欲的に過ごせるようにする。

教育　当番、友だちや保育者の話を調べたり聞いてみようとする。身のまわりのことを工夫してみようとする。

あそび　からだを動かすことや運動感覚のあるあそびの楽しさを味わう。友だちとやりとりをし一緒にあそぶ運動の楽しさを味わう。

養護の視点

・子どもが達成感を得られたタイミングで一緒に喜び合うとともに、みんなの前で振り返り、認め合える時間をつくっていく。
・残暑の中、疲れや体調の変化に留意していく。

行事予定

3 日（木）避難訓練
9 日（月）ランチデー
11、12日（水木）運動会リハーサル
17、18日（火水）発育測定
25 日（水）運動会リハーサル
27日（金）お話の会

家庭・地域との連携・学校

・運動会に向けての一人一人のがんばりや工夫している点など、会話や掲示などで丁寧に伝えていきながら、子どもの姿に共感し、喜び合えるようにしていく。
・残暑や運動量が増すことに備え、家庭でも体調管理に留意してもらえるようにする。

職員間の連携

・所庭や遊戯室の使用など、適宜声を掛け合っていけるようにする。
・運動会に向けて子どものどんな育ちを期待し、それを保障していくのか、保育の目標を話し合いながら、連携して進めていけるようにしていく。

内容（5領域をふまえた活動を通して、身につけさせたい心情・意欲・態度）

健康
・手洗いうがい、足洗いなど、身のまわりのことを丁寧にし、心地良く過ごせるようにしていく。
・竹馬や大太鼓、走ることなど、様々にからだを動かすことを楽しみ、自分の目当てに向かって取り組む気持ち良さを味わう。

人間関係
・運動会に向けて、友だちとアイデアを出し合い、協力して取り組もうとする。
・友だちの素敵なところに気づき、素直に伝え合ったり、認め合おうとする。
・期待をもって話を最後まで聞こうとしたり、話の上で意見を言おうとする。

環境
・散歩に出かけ、草花から季節の移り変わりを感じたり、海を見て感じたことを伝え合う。
・秋の昆虫を観察したり、その違いや気づいたことを図鑑で調べ、大切に扱おうとする。
・十五夜の話を聞き、天体への関心をもつ。

言葉
・自分がどんなことを伝えたいのか言葉で伝えたり、竹馬の技などを伝えたいことを文字で表記してみる。

表現
・竹馬や大太鼓を見合い、感想を聞く中での自分の動きや表現に気づいたり、"分身"を型取りや絵具などでつくる過程で自分のからだを意識してみる。

かかわりの要点（環境への配慮及び援助）

・自分のからだを大切にしていくことを運動会の話題とともに伝えながら、まわりから見られる自分という点にも気づけるようにしていく。
・子どもの意欲を大切にしながら、時に保育者が誘ってみたり、映像を見たりしながら、憧れをもって取り組めるようにしていく。
・大きなグループではなく、まずは少人数で話し合う場をもつことで、考えや意見をまとめていけるようにしたい。また、ホワイトボードなど、子どもの考えを図示することで共有しやすくしていく。
・今日がんばったことなどを出し合い、認め合えるようにする。
・運動会に向けて活動一辺倒になるのではなく、息抜きの意味でも散歩に出かけるなどの機会をつくっていきたい。
・命や天候など、自分のまわりの世界に興味をもてるようにしていく。
・時に友だちと教え合いながら、自分の気持ちを表す手段として、言葉や文字を使う経験をしていく。
・小さな発表の時間をつくったり、ビデオで撮影して振り返るなど、自分の表現を認める機会をつくる。分身づくりなどを通し、大切な自分に気づけるようにしていく。

評価・次月の見通し

・友だちとのやりとりをしながら、共にあそびを進めることを楽しんでいたか。
・からだを動かすことを楽しみ、自分なりの目標に向かって取り組む気持ち良さを感じていたか。
・保育の目標を話し合いながら、連携して進めていけたか。

振り返りの視点
・友だちの良いところを認め合い、互いに満足感を得ていたか。

10 月　指導計画　　5 歳児（　　組）

担任	主任	所長

子どもの姿

運動会に向けて気持ちが高まってきており、得意技をチームごとに話し合ったり、特訓をしたり、リレーの作戦を考えたりと、子ども同士のやりとりも活発になっている。また活動のバランスの調整は必要だが、話しすぎに注意を向けられるようになってきている。一方、時計を見る習慣が薄れてきている。

ねらい

養護
・一人一人の自分の姿の振り返りを丁寧に行い、認め合えるようにすることで、意欲的に過ごせるようにしていく。

教育
・生活　・身のまわりや活動意欲向上。気づきを得られるようにする。
・時計を見ながら、駆け込みで過ごすことがないようにする。
・あそび　・見てもらうことを期待することを通して、やりとりしながらあそびをつくり、進める喜びを味わう。
・秋の自然に触れ、地域の文化を知り、あそびへつなげる。

養護の視点

・運動会に向けた活動、当日を振り返り取り組むことを大切にしつつ、自分たちの変化や取り組みを確認し合えることで、次への意欲につなげていけるようにする。
・気温変化に配慮し、健康的に過ごせるようにする。

内容（5領域を踏まえた具体活動を通して、身につけさせたい知識・意欲・態度）

健康
・寒暖差に応じて衣服の調整をしようとする。また手洗いうがいなど、健康を意識して取り組もうとする。
・運動会に向けたあそびの中でからだを動かすとともにラグビーなど、興味のあるスポーツをあそびの中で取り組み、からだを動かす楽しさを味わう。

人間関係
・友だちとやりとりをしたり、友だちのあそびに気づいて刺激を与え合うなど、一緒にあそびをつくったり進めることを味わう。
・友だちの素敵なところに気づき、素直に伝える。

環境
・所外活動で秋の自然を楽しむことを楽しむ。自分の知らなかったことに気づくとともに、経験することを保育環境に取り入れたり取り込んだりする。

言葉
・自分がどんなことをしたいのか言葉で伝えたり、伝えたいことを図示したり文字で伝えようとする。
・絵本や歌などでいろいろな言葉に触れる。

表現
・ラグビーやまつり、芋ほりなど経験したことを表現しようとする。つくったり製作あそびで表現したり、あそびにつなげたり取り入れたり表現する。
・歌や踊りを見てもらうことを期待し、表現しようとする。

かかわりの要点（環境への配慮及び援助）

健康
・天候や気温に触れる言葉を自然とかけたり、保育者自身もうがいをこまめに行うようにしつつ、体調を崩したら楽しく過ごせないことなど、子ども自身が気づけるようにする。
・保育者自身も一緒にからだを動かし、汗をかきながら、からだを動かす心地よさを味わえるようにする。

人間関係
・あそびごとやグループ内などで話し合う場をもつことで、考えや意見を伝え、必要に応じてまとめていけるようにしたい。製作物やホワイトボードに図示するなど、見ておかりやすくすることで共有しやすくする。

環境
・その場や振り返りの時間などで認め合えるようにすることとともに、その場の心地よい雰囲気を味わえるようにする。
・それぞれ当日だけではなく、前後のかかわりを大切にする。ポスターや地図、写真など活用しながら、興味をもち、経験した後の振り返りを大切にして、あそびにつなげられるようにする。

言葉
・日番の子が話す時間をつくったり、あそびの中でも何かを伝えあうときに、適宜仲介しつつ、ホワイトボードや紙を活用できるようにしていく。

表現
・興味をもった時に取り組める環境を保障するとともに、それぞれの表現を紹介し合ったり、見せ合う場をつくるようにする。その上で、各あそびがクロスできるようにする。

評価（振り返りの視点・次月の見通し）

・運動会などで、見てもらうことで、意欲的だったか。またその経験から自信を得ていたか。
・友だちとやりとりをしながら、あそびを継続して楽しめていたか。
・所外活動などで経験したことを、自分たちのあそびに取り入れたり、つなげられていたか。

行事予定

2日(水)運動会（3日(木)順延日）
7日(月)避難訓練　28日(月)ランチデー
9日(水)ロビーコンサート
11日(金)布団太鼓神輿
16日(水)芋ほり遠足
24日(木)明石公園遠足
25日(金)お話の会

職員間の連携

・運動会などの子どもの育ちを喜び合う。
・所外に出かける機会も多いので、子どもにとってどんな経験とするのか確認し合って計画を立てる。
・体調差のある季節なので、自分で気づいて衣服調整ができるよう連携を取る。

家庭・地域と・学校の連携

・子どもたちが成長している姿を確認し、喜び合えるように運動会までの過程やねらい、様子を写真を交えて当日に伝える。まつりでは、保育者も地域の方に声をかけつつ、ふれあいの機会としたい。
・寒暖差のある季節なので、自分で気づいて衣服調整ができるよう家庭と連携していく。

所長　主任　担任

11月　指導計画　5歳児（　　組）

かかわりの要点（環境への配慮及び援助）

- 天候や気温に触れる言葉を自然とかけるようにする。健康面では体調を崩したら楽しく過ごせないことなど伝えたり、清潔面でもこれでいいのかな？ など、子ども自身が気づけるような言葉かけを行い、考える機会とする。
- 保育者も一緒にからだを動かし、その心地よさを味わえるようにしつつ、あそびのはじめにルールを決めることなど、あそびを複数で楽しく進める方法を考えていく。
- あそびごとやグループ内など少人数で話し合う場をもつことで、考えや意見を伝え、必要に応じてまとめていけるようにしたい。製作物やホワイトボードに図示するなど、話し合いの経過や結果を見てわかりやすくすることで共有しやすくする。
- 図鑑や地図、写真、実物（本物）を用意し、興味をもち、興味をもって探ったり、絵で描いてみたりと、あそびにつなげられるようにする。
- 興味をもった時に取り組める環境を保障するとともに、それぞれの表現を紹介し合ったり、見せ合う場をつくるようにする。
- 日番の活動に加え、伝えたいという思いがあった時には注目を集める場をつくるようにする。必要感をもって（「にこにこでんしゃ」など）文字を使うよう促してみる。
- 自分のイメージを伝えながら実現しようとする。

内容（5領域をふまえた活動を通して、身につけさせたい情・意欲・態度）

健康
- 寒暖に応じて衣服の調整をしようとする。手洗いなど友だちと健康を意識したり、流し合うなど清潔に過ごそうとする。
- ドッヂボールなどボールあそびでからだを動かしたり、山のぼりなど坂道を経験したりする。

人間関係
- クラスの場で意見を言ったり、友だちの発言を受けて考えたりする。その中で、解決策を考えたり、つくり変えたりする。
- 友だちとイメージを伝え合ったり、協力したりしてあそぶ。相手の気持ちや立場に気づくこともする。

環境
- 所外活動で秋から冬へと変化する自然に触れたり、図鑑や絵本、海外の硬貨など興味をもてるものに触れ、自分の知らなかったことに気づくとともに、経験したことを保育環境に取り入れたりする。

言葉
- 自分がどんなことを伝えたいのか言葉で伝えたり、伝えたいことを図示したり文字で伝えようとする。

表現
- 自分の好きな歌をうたったり、好きな曲に合わせて楽器を鳴らしたり、友だちとリズムを合わせることを楽しむ。コンサートごっこで見てもらうことを楽しもうとする。
- 自分のイメージを伝えながら製作する。

子どもの姿

運動会を経て、自信をつけてきている。見てもらうことを喜んでもらえるうれしさを感じつつ、ロビーコンサートなど意欲的に参加した。クラスでは、ラグビーっこをはじめボールを使ったあそびを友だち同士で楽しんだり、神輿づくりやダンボールハウスづくりなど、友だちとイメージを伝え合うあそびを楽しんだ。

ねらい

養護
- 一人一人のかかわりやクラスでのかかわりを調整することで、思いを満たしたり、安定して過ごせるようにする。

教育
- 生活：自分たちで困っていることの解決策を考えたり、考えは地域を守ったり、つくり変えて過ごすようにする。
- あそび：ドッヂボールなど、決まりのあるあそびの楽しさを知り、友だちと協力しながら、友だちと楽しむあそび、友だちと継続的にあそびを探ろうとする。
- 自分の興味のあることを継続的にあそび、探求しようとする。

養護の視点

- 1人1人のやりたいことを探りつつ、時には新しい事柄を促していくとともに、しっかりあそびこんで満足感を得られるようにする。
- 寒くなってくる時期なので、衣服の調節をしつつ、健康に気をつけられるように声をかけていく。

行事予定

- 14日（木）5歳児交流会
- 18、19日（月火）発育測定
- 19日（火）須磨浦公園遠足
- 20日（水）避難訓練
- 21日（木）ランチデー
- 29日（金）お話の会

振り返りの視点

- 自分がどんなことをしたいのか言葉で伝えたり、伝えたいことを図示したり文字で伝えようとする。
- 自分の好きな歌をうたったり、好きな曲に合わせて楽器を鳴らしたり、友だちとリズムを合わせることで経験したことを保育環境に取り入れたりする。
- 自分のイメージを伝えながら製作しようとする。

評価

- 自分たちで気づきを得て、片付け、またみんなで解決策を考えていたか。それを守る、つくり変えることはあったか。
- ルールのあるあそびの楽しさに気づき、友だちと楽しめたか。
- 好きなあそびを継続的に楽しんだり、満足行くまで取り組めたか。

次月の見通し

その上で、各自があそびがパワーアップできるようにする。

家庭・地域との連携、小学校との連携

- 遠足などの行事の予定について前もって知らせていくとともに、行事での子どもの様子など写真などを活用し伝え、子どもの姿のおもしろさや育ちを共有する。
- 所外に出かける機会も多いので、子どもにとってどんな経験となるのか確認し合って計画を立てる。
- 就学前健診について情報交換をしつつ、就学に向けた期待を高めながら、これからの育ちについて情報交換を行う。

職員間の連携

- 玩具などきっかけの物を置いておけるよう確認していくか。また、みんなで解決策を考えたり、使わない時に部屋を借りられるよう。
- 所外に出かける機会も多いので、適宜声をかけ合う。

(3) ラグビーごっこの経過

①ラグビーごっこのはじまり

　当時は、ラグビーW杯がテレビで中継され、社会一般でもラグビーへの関心が高まっている時期でした。さらに神戸のスタジアムでは実際に試合があり、熱狂するファン、海外からの応援客と電車で居合わせるなど特に身近な話題となっていました（まわりの大人たち、つまり保護者にとっても話題となっていたと想像できます）。そんな中、クラスでも自然とラグビーへの関心が高まっていきます。スタートは、どこにでもある丸ボール（ドッチボールなどに使われる一般的なボールです）の存在でした。誰からともなくボールを抱えて、テレビ等で目にした選手の動きや仕草、振る舞いなどのイメージを、自分の行動に投影するかのようにして、まねて楽しんでいました。まさに気分はテレビで見た憧れのラグビー選手そのもの。普段の自分とは少し違う、ラグビー選手になった自分（の気分）で遊ぶことを楽しんでいました。遊びが始まった当初の事例を見てみましょう。

事例「ラグビーごっこの始まり」（9月24日）

　園庭で男子数人がからだをぶつけるように丸ボールを取り合って遊んでいる。何をしているのか尋ねると「ラグビー!!」とのこと。保育者は「おもしろいね」と同意をする一方で「ルールも決めないとな」と伝える。質問への明確な答えはないが、「ちゃんとパスしてるし」との返答。観察をしてみると、確かにボールを取り合うのを楽しむ一方でボールを回して楽しんでいる姿も見られる。また、ボールを取り合う際には、プレーとして楽しんでいるというよりは、映像で見たタックルを再現することを楽しんでいる様子。ケンカにもならずにその後30分近く遊ぶ。

　身体をぶつけ合うようにし、ボールを取り合っている姿から、タックルなどラグビーを象徴する選手の動きや仕草のイメージを再現して遊んでいる状況です。この事例における保育環境はどこにでもある丸ボールと言えます。ボールが起点となって、憧れのラグビーの象徴としての「ラグビー選手らしい動き」を喚起し、ラグビーごっこというイメージが共有されることで、ケンカにならずに子どもをつなぎとめていたとも考えられます。またこの瞬間、普段と何も変わらない広いとは言えない園庭が、子どもたちにとっては「ラグビーのフィ

ールド」になっていたと考えられます。保育者が広いスペースを準備したわけではありません。子どもたちは持ち前のごっこ性を発揮して、その場をラグビーのフィールドにしてしまいます。ごっこ遊びのおもしろいところは、第三者的には何ひとつ変わらない普段の環境の持つその意味を、遊びに応じて変えてしまうことです。

②本物感を持つ、楕円型のラグビーボール

事例「"本物の"ラグビーボール登場！」①（10月7日）

　保育者が先週末に子どもたちに約束した通りにラグビーボールを保育所に持ってくる。袋の中身を確認すると「ラグビーボールは??」「先生それなに〜」「えーちっちゃ」「家に大人用ボールあるねんでー」など口々に言っている。

　保育者が着替えを済ませるとボールをもらいにやって来る。受け取ると持って抱えて走って遊ぶ姿がある。「先生頭良くなったなー」「だって金曜日に約束したのによく覚えてたもん」との発言も。その後もタックルや持って走ることを繰り返しながら、チーム決めをし始めたところで入室の時間となる。

　子どもたちと担任の関係性も垣間見える事例ですが…これまでの約10日間は丸ボールで遊んでいたところに、保育者が楕円形のラグビーボールを持って来た場面です。保育者としては、より「本物感」を出したいという意図で、かつラグビーを象徴するボールということで、より遊びが活性化することを意図しています。子どもたちはラグビーボールという実際のボールを扱うことよりも、テレビ等で目にしている各国代表が対決するというイメージが先行しているように感じました。

事例「"本物の"ラグビーボール登場！」②（10月7日）

　その後もクラスでホワイトボードと顔写真を使ってチーム分けをしている。「みんなするかもしれへんやん」とイスに写真を並べたり、写真を指して「チケットありまーす」とまわりに声をかける姿があった。

　入室後の様子です。チーム分けをする姿は実際に遊ぶ上での現実的な姿とも捉えられますが、テレビで見られる代表チームの選手紹介の顔写真を再現しているようでもありました。ただ「チケットありまーす」という発言に至っては、

これは一般的なごっこ遊びらしさが感じられます。

　ここで私の反省点なのですが、「チケットありまーす」という発言を生かすことで、このラグビーごっこはクラス全体を巻き込んだ遊びになる可能性もあったと考えています。例えば、チケット屋さん、応援団、チアリーダー、そしてラグビー選手たち…。しかし、実際にはそのような遊びには至りませんでした。保育者のほんの少しの気づきや工夫で、ごっこ遊びは様々な活動に広がり得る可能性を痛感するとともに、私自身がその可能性のおもしろさに気づけなかった、反省点の多い事例でもあります。

事例「"本物の"ラグビーボール登場！」③（10月7日）

　数人が連れだってラグビーをしようと所庭に出る。保育者もついて行く。未満児クラスが園庭にいることもあり、「パスをして遊ぼう」と提案をする。線を引き、円になってパスを回して遊ぶ。その際にずっと1人でボールを持っていることを指摘されたI児は、自分のしたい（イメージする）遊びでなかったためか、遊びから離脱していった。パスへの注目の仕方には個人差があるのか、上から投げでパスをしようとする子も見られた。

　テレビで見ている憧れのラグビーを念頭にチーム分けをし、意気込んで園庭に出ます。しかし自由に園庭が使えず、パスをし合う遊びの形に変化してしまいます（せざるを得ませんでした）。しかしここで、普段の園内環境（未満児も同じ園庭にいる）のままでは遊びを楽しめなくなることを示唆するようなI児の離脱が起こります。I児は円になってのパスなんかではなく、あの格好良いラグビー選手になりたかったはずなのです。それを保障するスペースを準備するなど、保育環境整備について考えるべきポイントでした。

事例「"本物の"ラグビーボール登場！」④（10月7日）

　最後にクラスで分けたチームごとに試合をすることにする。コンバージョンキックなど象徴的なプレーを提案すると「えーやりたい!!」と言ってしている。ボールを抱えて走ること、それを奪いにいくこと、パスを出すことなど、ダイナミックに遊んでいる。ルールの理解はそれぞれだが、線を越えたらトライだということは、漠然としているが共通認識のようだ。途中、ボールの奪い合いになる場面がいくつもあり、ラグビー風に遊ぶというよりも、勝負事として本

気で取ろうとしている。実際、試合後には負けたチームが泣いて悔しがる姿があった。

　コンバージョンキックなど象徴的な行為を喜んだりと、あくまでごっこ遊び的な楽しみ方をしています。しかし一方ではボールの奪い合いなどムキになり、負けて泣いて悔しがる様子も見られ、本気になっている様子も確認できます。「勝ち負け」という現実的な事柄を問題としています。徐々にごっこ遊び然としていたラグビーごっこから、遊び方の変化が見られるようになってきました。ごっこ遊びは遊びの起点です。この後、ラグビーごっこはどのように変化していくのでしょうか。

③タグラグビーでの失敗

　みなさんはタグラグビーをご存知でしょうか。タグラグビーとはラグビーとしっぽ取りを合わせたものと想像していただくとわかりやすいかもしれません。ラグビーではタックルなどで相手からボールを奪いますが、タグラグビーでは相手のしっぽを取るとボールをゲットすることができます。つまり、しっぽを取られたら相手にボールを受け渡さなければならない、というルールがあります。ルールのある遊びを楽しめるようにしていくという流れは、当時の保育者のねらいでもありました（指導案参照）。しかし、ラグビーごっこにルールを早々に持ち込むのは、果たして目の前の子どもたちに合った関わりであったのか…。事例を見てみましょう。

事例：「タグラグビーとの出会い」（10月10日）
　「タグラグビーをするぞ〜」と声をかけると、「やったー！」「やっとやな」と8人程が園庭に出る。簡単にルールを伝え、その後は試しながら遊ぶ。始めはルールがわからないことや、所庭が狭いこともあり、互いに簡単にトライをしてしまうことが続く。しだいに要領を掴んだ子が、タグを取るようになる。子どもたちも次第に真剣になり、最終的にタグを取られたチームが泣いて悔しがった。なかなか切り替えられず、しばらく所庭で悔しがっている。

　「互いに簡単にトライをしてしまうことが続く」とありますが当時を振り返ると、全く盛り上がらず、事務作業のようにとりあえずトライをする子どもた

ちの様子が思い浮かびます。保育者として全く手応えのない「あぁ、強引に遊びを方向づけし過ぎてしまったな…」という苦々しさを思い出します。

　遊び続ける中でようやくルールとして馴染んできて、タグの取り合いという行為へとつながります。ただラグビーごっことして楽しむというよりは、単純にタグの取り合いにムキになる子どもたちの姿が見られただけでした。

　タグラグビーがおもしろくない、ということを言っているわけではありません。しっかり手順を踏んで、それこそ環境を整えた上で、遊びを提示すれば十分盛り上がるおもしろい遊びなのです。ここでの問題は、保育者が不必要に焦り、いきなりタグというルールを持ち込んだことです。子どもたちが憧れていたのは、タグラグビーではありません。テレビで見て憧れ、身近な大人たちも盛り上がっている、あのラグビーＷ杯でのラグビーです。いきなりルールを持ち込むのではない、もっと異なる遊びの盛り上げ方の工夫があったはずです。Ｗ杯のポスターを貼る、ラグビーや海外についての絵本を用意する、ラグビーのコートを作り、ゴールポストを作るなど、ラグビーへの憧れを十分に膨らませる環境面からのアプローチがあったはず、と今になって反省することも多いです。同時に、遊び始めてからの10日間で走りながらパスをするなど、実際のラグビーらしい身体の使い方も見られるようになってきていました（楕円型のボールへの対応はまだまだでしたが）。狭い園庭ではなく、広いどこかで遊べるように調整をするなど、保育者である私自身が、目の前の子どもが何に夢中になっているのかを見抜くべきポイントでもあったのです。

　保育者はタグラグビーでの失敗の後、情けないことにラグビーごっこに対しては新たなアプローチを多くは行いません。しかしその間にも子どもたちは互いに刺激を与え合って、遊びは広がっていきます。

事例：「クラス内で伝わっていくラグビーごっこ①」（10月11日）

　夕方の自由遊びの時間、これまでラグビーをしていなかった子が、これまでもしていた子と走ってはパスを渡して遊んでいる。少しずつ興味を持つ子が増えてきている印象である。

事例：「クラス内で伝わっていくラグビーごっこ②」（10月17日）

　依然、ラグビーごっこは楽しまれており、これまではあまり遊んでいなかったＪ児とＫ児もラグビーごっこに参加している。だが、これまでに参加してい

た子との間で、身体のぶつかりが多く見られる。保育者も参加し、パスを回しながら遊んでいるとＪ児はイメージと違うといった表情を浮かべる。Ｊ児にボールが渡ると持ったまま走って逃げる、Ｋ児は友だちのボールを無理やり奪おうとするなど、同じラグビーごっこでも先行して遊んでいた子たちと遊び方が異なるようだ。恐らくイメージしているものがタックルなど象徴的な姿なのではないか。

　その後「せんせー一緒にラグビーしよう」と誘ってくるので、タグラグビーを提案し、先行して遊んでいた子たちは「いいね〜」と応じるが、遊び方を聞いたＪ児は「何なんそれ」と納得いかない姿で遊びから去っていった。

　この間、9月末からラグビーごっこをしてきた子たちの姿を目にして、当初は関心がなかった子たちが遊びに参加していくこととなります。おもしろいのは9月末から遊んでいる子たちと、やっと遊び始めた子たちの遊び方、楽しみ方の違いです。9月末から遊んでいる子どもたちは、走りながらパスを回すなど、ボールの性質に合わせて動きを調整するようになっています。ごっこ遊びとしての楽しみ方というよりは、現実的に身体を動かして、走る、パスする、トライするなど、実際の行為自体を楽しむようになっています。

④園外へと飛び出すラグビーごっこ

　積極的な理由ではないのが情けないのですが、いよいよタグラグビーは園外に飛び出していきます。子どもたちは、芝生広場という環境が持つ特性を十分に利用して遊ぶ様子があります。

事例：「芝生広場でのラグビーごっこ①」（10月24日）

　保育所の庭が工事の関係で手狭になっている中、芝生の広場がある近隣の公園に出かける。芝生があるということでラグビーボールを持って行く。広場に到着し、何気なくラグビーボールを出しておくと、気づいた子から遊び始める。いつものメンバーが広々した中でパスの出し合いを楽しんでいる。そこに最近遊び始めたＫ児やいつもの4歳児も加わって遊んでいる。芝生ということもあり、持ったまま倒れ込んだり、多少激しい遊びも見られるが、危険ということはない。あくまで笑顔でやりとりを楽しんでいる。

保育者は芝生公園ということでラグビーボールを持って行きますが、何気なく出しておくだけで、直接的に「ラグビーをしよう」と誘っているわけではありません。ただ子どもたちにはそれだけで十分のようです。しかも園内で遊ぶよりも、よりダイナミックに身体を動かして遊ぶ姿を見せます。芝生広場は普段の園内環境とは大きく異なる環境です。しかしこれまでに散歩で何度も来た経験があり、芝生という実際の物に触れその性質を見知っているからこそ、倒れこむなど普段よりもダイナミックな行為を楽しんでいるとも考えられます。これは私が担任をした年度に限った話ではありません。当該保育所においては前述の通り、芝生広場が貴重な園外の保育環境として活用されてきていました。芝生に合わせた振る舞いが行えるということは、その経験の賜物でもあると考えられます。

　同時にラグビーに憧れを持つ子どもたちにとっては、何度もテレビで見たW杯のラグビーが行われているのは、青々とした芝生の上でもあります。ラグビーごっこという文脈の上で、園外環境としての芝生広場は、ここでつながります。芝生広場はよく知った場所でありながらも、ラグビーをする上では憧れの対象の芝生なのです。

　芝生の性質を知っていることにラグビーへの憧れが加わり、芝生広場は子どもたちにとってはラグビーのフィールドとして、新たな意味を持ったということができます。子どもたちは、ラグビーごっこの中で遠慮なく、しかし芝生に合った身体の動かし方をしていきます。ただ、芝生の持つ性質の存在感は大きく、芝生そのものの性質に身を委ねて楽しむ姿も多く見られます。

事例：「芝生広場でのラグビーごっこ②」（10月24日）
　J児が仲の良いL児とラグビーボールを手に遊んでいる。普段からの2人の関係性もあってか、距離感の近い様子でボールを持って逃げたり、倒れ込んだ上に乗ったりと、ラグビーのイメージもあるのかもしれないが、どちらかと言えば「じゃれつき遊び」のようにしばらく心地良さそうに遊んでいる。

　芝生という環境がじゃれつき遊びという行為を引き出しています。しかし、それは子どもだけに留まらないようです。

事例：「芝生広場でのラグビーごっこ③」（10 月 24 日）

　せっかく広々しているので、思いきり保育者がラグビーボールを蹴り飛ばしてあそぶ。すると子どもたちは大笑いをして、次々に蹴り飛ばして遊ぶ。「写真撮って〜」と言って蹴って見せる子もいる。

　保育者自身も芝生広場の持つ開放的な雰囲気に左右されて、園内環境では行えないような振る舞いを見せています。開放的な気分になる、というのも単純に園外環境が持つ魅力であるとも言えるかもしれません（だからこそ、安全確保に十分に配慮するのですが）。園外環境での活動を、保育者自身も十分に楽しめるようにする…簡単なことのようですが、それを保障する保育体制の構築の重要性を考えさせられます。

⑤ドッチボールとの相互の影響

　さて、園外環境に出たラグビーごっこですが、ここで月案（11月）を思い出してもらえたらと思います。この時期、ルールのある運動遊びとしてドッチボールがラグビーごっこと並行して楽しまれることとなります。しかもドッチボールは、5 歳児交流という明確な目標に向けた、クラス全体での取り組みです。ドッチボール自体の盛り上げについては割愛しますが、ドッチボールはラグビーに比べて、ルールが実に単純である点が特徴であると言えます（だからこそ 5 歳児クラスで多く楽しまれる遊びであると言えますが）。ここではドッチボールの「ルールのある運動遊び」としての側面に注目してみたいと思います。ただそんな遊びにもごっこ性は顔を覗かせます。

事例：「ドッチボールにも付加されるごっこ性」（11 月 4 日）

　ドッチボールの試合後に挨拶をしようと声をかけると「ラグビーみたいやな」と言って、自分たちで握手を始めている。

　勝負事＝スポーツに近い活動であるドッチボールに、今度はラグビーらしさを付与しています。恐らくは、テレビ等で目にしたラグビー選手の姿をイメージし、憧れの思いを持って、自らに付け加え、投影しているものと考えられます。ドッチボールはごっこというよりも完全に勝負事であり、現実的な行為です。5 歳児であれば、本当とうそっことは区別が十分につき、この場面でもふ

ざけているわけではありません。現実的な遊びを楽しむのにごっこ性を付け加える…幼児期後期のごっこ遊びの奥深さが垣間見えます。

事例：「ドッチボールを経た、ラグビーごっこ」（11月25日）

　この日、久しぶりに男子6、7人が声をかけ合ってラグビーごっこを始めた。しばらくは、ボールを取ったりパスしたりという、以前から見られる遊びをしている。子どもから「じゃあこっちが日本チームな」という言葉が出たタイミングで久々にタグラグビーを提案してみた。「よしやろ〜」と言う子がいる一方、「え〜」と不服そうな子もいる状態。保育者はとりあえず、タグを用意していく。タグが揃うと、何だかんだで全員がタグをつけ、チームも分かれて試合が始まる。一方は5歳児5、6人のチームで、一方は保育者と2人の4歳児と1人の5歳児のチームとの対戦になる。

　ドッチボールの経験が大きかったのか、4歳児を除き、皆がルールを守り、タグを取られたら納得する・せずにかかわらず、相手にボールを差し出し、「今、タグ取ったで」「今のは先に取ってた」など声をかけ合ってゲームを進めていく。ゲームとして成立する。「自分はボールを持ち続けたい」という思いは、一旦はあきらめるようである。一方で、本気でもあるので自分がボールを触れないと不満を漏らしたり、トライを取り消された時には泣いて落ち込む姿も見せる。また、相手の"ずる"にも敏感で、「あかんわ！」と許さない姿がある。

　遊びとしては収束していたラグビーごっこが久しぶりに楽しまれます。「日本チーム」と発言されるあたりにごっこ性を感じますが、ドッチボールを経験し、すっかり遊びは様変わりします。以前、タグラグビーを提案した時にはルールが馴染まずに、盛り上がることなく収束していったのに…。子どもたちの着目点はテレビ等で見ていたイメージのラグビーではなく、ルールやゲームを進めることなどより現実的なものとなっています。単純なルールに沿ってドッチボールを楽しむうちに、自然とルールに沿って遊びことに慣れ、ルールを守ることが結果的に遊びを楽しむことになるという理解につながったと考えられます。

⑥ラグビーごっこが行きついた先
事例：「小さなラグビー選手たち①」（2月27日）

久しぶりに近隣の広い芝生広場のある公園に出かけることになる。出発前にM児より「ラグビーボール持って行ってな〜」という声がある。担任はラグビーごっこができれば良いかと考えていたが、別の児から「タグ持って行ってよ」という声かけもある。

　到着後、さっそくラグビーボールを出して、持って走りまわる姿を見せる。保育者が「タグラグビーしようか」と声をかけると、チーム分けを自分たちで始める。担任は、どこをトライのラインにするかなど簡単にルールなどを確かめていく。

　いざゲームが始まると、久しぶりとは思えない程、「ゲーム」として成立している。保育所で遊ぶ分にはスペースの問題もあり、なかなかライン間で走って、パスをして…という部分が難しいのだが、芝生広場では一目で見て、ラグビーボールをしているのがわかる程、ボールを持って走り、相手が近づいてくると近くの子にパスをする、ボールを持っている子のタグを奪いに行くなど「ゲーム」としての体をなしている。一方、トライを決める際に滑り込んで地面にボールを置く様子などは、あのテレビで何度も見た情景であった。

　タグを取る際には、無言で取るのではわかりにくいので「タグ！」と言うことを改めて伝える。また遊びの中でタグを取った際に誰のボールになるのかわかりにくいので、保育者が「タグを取った人のボールにしよう」と提案すると、即座にルールとして周知され、破る子がいると必死に注意をしている。

　結局、トライの度に1点を取り合う10点先取のゲームとなったが、途中何度もトラブルを経験しながら（ボールに触れないと泣くN児、自分の思い通りにいかないと怒るG児など）、1時間を超えて遊び続けることとなった。メンバーは途中で抜けたり入ったりもあったが、15人を超える集団で遊んでいた。

事例「小さなラグビー選手たち②」（3月18日）

　「今日は〇〇公園行くで！」と伝えると、「タグラグビーしよ！」O児「Oちゃんがラグビーボール持って行ってえぇ？」と尋ね、ビニール袋に入れて自分で持って行く。公園に着くと、「タグラグビーしようぜ」と声を掛け合い、チーム分けをして遊び始める。

　すっかりタグラグビーとして成立するために必要な身体の動き、振る舞いを行って遊ぶようになっています。スポーツとも言えるような、身のこなしを見

せるようになりました。また共通のルールを守りながらタグラグビーという「ゲーム」として成り立たせ、楽しんでいる状態です。一方で、「ゲーム」として遊ぶのには必要ないのにもかかわらず、トライの際に滑り込んでボールを置く姿は、憧れのラグビーのイメージを持って遊んでいると捉えられます。憧れを自身の行為に付け加え、実際の行為として行う…「ゲーム」としての遊びにもごっこ性も生き続けていると考えられます。そして、ごっこ性を支えているのは、芝生広場が持つ芝生らしさという性質だと言えます。

(4) 遊ぶこと自体が目的の遊びと遊びを支える環境

　遊びは遊ぶこと自体が意味であり、目的であると言われます。もちろん遊びの結果、何かの知識や技術が得られることもあります。ラグビーごっこ全体を通して考えると、ランニングパスなどラグビーの技やルールに沿って遊ぶ、声をかけ合って遊ぶなどの姿でしょうか。何かの知識や技術の修得を目的として遊ぶこと、それはすでに遊びではなくなっているとも言えるのではないでしょうか。「小さなラグビー選手たち」の事例では、これまでの遊びの経過の中ですでに知識も技術も得て、遊ぶ姿を見せています。思い通りに身体を動かせること、プレー中に指示を出すことなど、自分たちのできるようになった力を感じながら、自己効力感を得ながら、格好よい自分を感じながら遊んでいるとも言えます。しかし、なぜそれが格好よいのでしょうか。それはやはり、頭にあの憧れのラグビー選手のイメージがあり、その姿になった（近づいた）からではないでしょうか。そして滑り込んでトライを決めるのは、芝生という環境だからこそだと言えます。芝生は2つの面で子どものごっこ性を支えていたのではないでしょうか。1つ目は、あのW杯の舞台でもある憧れのフィールドとしてとしての芝生。2つ目は、ダイナミックに滑り込んでも痛くない、という性質を持つモノとしての芝生。最終的に、タグラグビーとして洗練した姿を見せた背景には、ラグビーらしさというごっこ性を支える芝生広場が欠かせなかったと私は考えています。

　また子どもから「ラグビーボール持って行ってな〜」「ラグビーボール持って行ってえぇ？」という発言がありました。芝生広場に出向くことは保育者が計画したことです。しかし子どもたちにとって、園外環境に向かう動機としてラグビーごっこの存在がありました。園内環境と園外環境とをつなげる「間」として、またその必然として、ラグビーごっこが働いたと言えるのではないでし

ようか。

　「ごっこ性」「ごっこ遊び」が園内環境と園外環境をつなぐ、をテーマに事例を紹介してきました。ラグビーごっこという事例を振り返ると、とても遠回りをしているように見えます。憧れのラグビーを再現するようなごっこ遊びから、ランニングパスなど行為を楽しみ、ルールに則って遊ぶことを楽しむタグラグビー、そのタグラグビーを広いフィールドで思い切り楽しむ…。半年に渡ったプロセスがありました。実際、もっと早い段階で子どもの様子を見て園外環境に出るタイミングはあったのでしょう。ラグビーに憧れを持った段階で、このごっこ遊びは園内環境と園外環境とをつなぐ「間」になり得たとも考えます。私の保育者としての関わりは未熟でしたが、ただ子どもたちはこのラグビーごっこを自分たちの遊びとして作ってきました。真逆を考えてみましょう。果たして、最初から「ラグビーごっこするぞ」「タグラグビーの練習をするぞ」と保育者が主導で、スポーツとして遊びを方向づけていたら、その練習場所として芝生広場を選んでいたとしたら、期待感を持って芝生広場に行き、自らタグラグビーを芝生広場で、思う存分身体を動かして遊ぶ姿は見られたでしょうか。普段とは異なる場所で、進んでルールに従い、ルールを守るように声をかけ合って遊ぶ姿はあったでしょうか。ここでもやはり大きく力となったのはごっこ性であり、憧れという強力な引力でした。ごっこ遊びとして主体的に遊んだからこそ、必然的により広いフィールドを求めて園内環境から園外環境に出ていけたと考えています。

　園内環境と園外環境をつなぐ視点には、子どもの主体性とともに「なぜ園外環境に行くのか」という理由、必然性が欠かせません。

3. 園外環境から園内環境をつなぐ「えらいやっちゃ」

　ここまでは園内環境から園外環境へとつなぐ、ラグビーごっこの事例を振り返ってきました。ここからは逆の矢印、園外環境での経験が園内環境での活動へとつながっていった事例を紹介します。ラグビーごっこが半年以上に渡った遊びだったのに対し、祭りごっこは2週間ほどの遊びでした。

事例：「えらいやっちゃの強烈なリアル体験」（10月11日）

　地域の祭りに参加する。目の前で大きな掛け声をかけ、神輿を引く姿に圧倒され、「怖い…」と担任の手を握る子もいる。ただ目の前の神輿をよく観察して

「あの中に神様いるんかな」「あれ龍やで」「龍が神様なん？」など、気になったことを保育者に矢継ぎ早に尋ねる姿もある。いざ、神輿を引く際には、訳もわからず、とにかく引いてみる…という様子であったが、次第に子どもたちからも「えらいやっちゃ」の掛け声が大きくなってくる。練り歩くうちに表情も明るくなり、意気揚々と引く子、綱引きのように腰を入れて引こうとする子（そんな力は必要ないが）と様々である。練り歩き後、保育所に帰る道すがら、自然と「えらいやっちゃ」の掛け声が始まる。やや近所迷惑だったが、保育所まで元気な声は響き続けた。帰所後は、「笹作りたい」（神輿の上で笹を振っていた）と言って、保育者と笹づくりをしたり、イスを組み合わせて上に乗って「えらいやっちゃ」の掛け声をしたり、笹を振ったり、極めつけはイスに自分のカーディガンを結びつけて、引っ張ろうとする姿を見せていた。この時は、友だちを乗せたまま引っ張らず、引っ張るようにした後、人力でイスを移動させる姿があった。

　圧倒され、怖がる子もいたことから、目の前で繰り広げられた神輿、そして神輿を引く地域の人たちの姿は、子どもたちにとって大きなインパクトとなったことがわかります。そんな中、神輿の細部まで観察する子もおり、強烈な魅力を放つ園外環境と言えます。いざ自分たちが参加する段になり、はじめは恐る恐る、しかし次第に「えらいやっちゃ」の掛け声も大きくなり、保育所に帰る時にも自然と掛け声が始まります。保育所に帰った後も熱は冷めません。笹づくりやイスで神輿を再現して遊ぶ姿には、先程見て体験したコト・モノへの憧れを感じ、すぐさまごっこ遊びとして取り入れます。

　実際の経験に裏打ちされた祭りや神輿への強烈な憧れが園外環境と園内環境をつなげる「間」となり、ごっこ遊びとして広がっていくこととなります。

事例：「神輿づくり」（10月15日）
　3連休を挟んだが、金曜日と同じく部屋の隅にイスを置き、その上に乗って「えらいやっちゃ」の掛け声を始める。イスだと1人しか乗れず不安定であるので、箱積み木の台を持って来るとその上に乗って遊び始める。それでも台に乗り切れない子がいるので「お神輿作る？」と声をかけると「うん！」と笑顔で返事。一緒に倉庫へ素材を見に行く。その後、ダンボールと模造紙の芯を持ち帰り、神輿づくりを始める。

神輿づくりにも2つのイメージがあるよう。1つは担ぐことのできる神輿をイメージしているようで（実際に目にした神輿は担ぐ物だった）、2つ目のイメージでは箱の中に入れるようにして太鼓を叩く（これも実際にそうだった）ようだった。A児は保育者にも自分のイメージを伝え、実際にそのようだったことを確認しようとするのだが、まわりは担げるものを作りたい様子であり、保育者の提案もあって、担げる神輿を作ることとなった。

ダンボールに芯を固定しようと、ガムテープを使用して試行錯誤を繰り返している。その後、保育者は他の子たちと所庭に出て、タグラグビーをして遊んでいる。すると2階から「えらいやっちゃ」の掛け声が聞こえて来て、だんだん声が近づいてくる。待っていると、神輿を担いだ子たちがそのまま裸足で所庭を練り歩き、再び2階へと帰って行くのだった。

事例：「えらいやっちゃの魔力」（10月16日）

日中は芋ほり遠足で時間がなかったが、「せんせい、えらいやっちゃしてもいい？」という声がある。夕方、昨日製作をしていないメンバーも加わって、練り歩きが始まる。始めはクラス内を練り歩き、次は一方のドアから廊下に出てもう一方のドアから入室するというルート、最後には隣のクラスにトイレを通って入室し、廊下を通って帰ってくるというルートで練り歩きを始める。あまりまわりが見えていない様子だったので、「お祭の時も『こっちやで』って言う人おったやろ」と伝えると、先導役をしようとする子が出てきて、「次はこっち」など声を掛ける姿があった。隣のクラスから「もうやめて」と言われるまで続く。

祭りや神輿は、子どもたちを、その行為を方向づけていきます。実際に見て、経験したことは、強烈に子どもを刺激し、憧れを抱かせるのでしょう。経験して即時的にごっこ遊びが始まるというのは、その経験の印象の強さでしょうし、バーチャル・リアリティ始め、昨今増えてきている実際の行為を伴わない（全身を使用しない）経験との違いであるかも知れません。すぐに子どもは、経験したことをごっこ遊びとして再現し、楽しもうとします。「えらいやっちゃ」への憧れは、子ども自身をえらいやっちゃの主人公に変身させるに留まりません。楽しむために、必要感を持って様々な素材・場に新たな意味づけを（作り変えを）行っていきます。ただのダンボールと芯などの廃材は神輿へと作り変えら

れます（この時、子どもたちはそれぞれの素材の性質に沿って製作を行います し、同時に素材の性質を知っていくこととなります）。そして神輿の持ち手にな っている子たちにとっては、普段のクラスも廊下も階段も、祭りの舞台となり ます。園外環境で実際に経験した憧れがごっこ遊びとなり、ごっこ遊びが環境 をつなぐ「間」となって、園内環境での遊びとなり、園内環境を作り変えてい くこととなりました。

　この後、「えらいやっちゃ」ごっこは徐々に収束していきます。神輿は馬車に 作り変えられ、別の遊びへと変化していきます。子どものイメージは変幻自在 です。神輿から馬車へと見立てを変えることも、また環境への意味づけの変化 であり、環境と相互に影響を与え合いながら、ごっこ遊びは続いていくのです。

4. 保育環境にごっこ遊びという視点を

　ここまで、ごっこ遊びが園内環境と園外環境とをつなぐ「間」になる、とい う仮説のもと、お話をしてきました。園外環境への出やすさは園によって異な るでしょうし、そもそも園外環境の在り方はそれこそ千差万別だと言えます。 自然豊かであるかも知れませんし、身近に地域の方と交流できる雰囲気があっ たり、商店街があったり…と様々でしょう。またラグビーごっこでの事例のよ うに、実体験というよりはその時の流行やテレビや各種動画、バーチャル・リ アリティなどバーチャルな経験を通して、子どもが興味や憧れを持つこともあ り得るかもしれません。テレビなどの存在をすべてまとめて園外環境と言うこ とには抵抗はありますが、しかし幼児期後期の子どもが何かに憧れをもち、主 体的に活動に取り組むという点では、切り捨てることはできないと考えていま す。もちろん自然環境は、環境としての多様さを持ちます。その多様さから子 どものイメージや想像力を刺激されることは、他の環境に比べて非常に多いで しょう。実際に全身を使って経験したことは、子どもに大きな憧れをもたらし ます。大切なことは園内環境と園外環境、きっかけはどちらであれ（何であれ）、 その後、子どもがごっこ遊びを展開していく中で、どれだけ実際の環境と関わ り、格闘し、作り変え、意味づけできるのか…という点です。ラグビーごっこ の事例では、子どもの憧れからラグビーごっこがはじまり（その背景には世間 的に盛り上がる雰囲気、テレビなどバーチャルな環境からの刺激があったもの と考えます）、本物感のあるボールやタグなどの環境との関わり合いの中で、遊 びを変化させながら、遊びを楽しむために芝生広場という園外環境へ出て行く

こととなりました（芝生とのリアルな関わり合いが、また子どもの行動に影響を与えました）。「えらいやっちゃ」ごっこの事例では、園外環境でのリアルで強烈な経験が子どものイメージを刺激し、園内環境（素材や場）を作り変える（別の意味を与える）活動となりました。いずれもごっこ遊び自体が強い動機と目的になり、結果的に園内環境と園外環境とをつなげる「間」となっていました。

　私自身の実践では遊びの盛り上がるタイミング、ポイントの見落としが多くありました（特にラグビーごっこでは…）。保育者の専門性は、どれだけそのタイミングとポイントを見極められるかという点だと考えています。繰り返しになりますが、遊びのスタートとなる動機や憧れは園内環境・園外環境、どちらにもそのきっかけはあります。そこに保育者が関与している場合もあれば、関与していない場合もあります。本章の最初に紹介した、山登り遠足の事例は、保育者が意図して「ごっこ遊び」を仕掛けていると言えます。自然環境に出て行く機会が限られる場合にはそのタイミングを生かすためにも、保育者の側からごっこ性を盛り上げ、子どもが想像力を持って主体的に（自然）環境に関わっていける働きかけが求められるでしょう。きっかけは何であれ、子どもが進んで始めたごっこの気分をどれだけ満たして遊べるか。そのためには作り変え、意味づけできる要素が、可変性・可塑性のある要素がどれだけ身近な環境にあるのかが重要です。そのためにフレキシブルに園内環境も園外環境も取り込んで遊んでいけるのか…。ここに、保育者の専門性が生きてきます。ただし、フレキシブルと言っても、いつでもどこでも園外環境に出られるわけではないはずです。だからこそ、子どもが求める環境は何なのかを見極めて、園外保育を計画する必要があると考えます。また、園外保育も必ずしも自然が豊かでないといけないというわけでもないと考えます。例えば、探偵の気分で遊びが盛り上がっているのであれば、近所の街歩きでもたくさんの発見があるかも知れません。園に戻って、その発見を探偵手帳に記し、また別の近所へと出かけていく…。そうすると、園内環境と園外環境とが循環していきます。

　最後に、保育者の遊びへの関わり方について考えてみたいと思います。それは保育者も遊びの当事者となって楽しむという姿勢についてです。保育環境の話になると、子どもにどのような環境を提供するのか…という保育者が環境を整備する話になります。祭りごっこの事例でも、普段から自由に製作を行えるコーナーがあり、素材があったことで、スムーズに神輿の製作活動に進んでい

きました。どのような環境構成を行っておくのかは、保育において最も大切な視点だと言えます。一方で、ごっこ気分で子どもとやりとりをしながら遊ぶ中では、その場その場でのひらめきやアイデアが大切になってきます。私自身は全くアイデア豊かな人間ではありません。ただ子どものおもしろいアイデアに便乗し、一緒におもしろがって広げていくことを楽しむことだけはできていたと振り返ります。ラグビーごっこが盛り上がった海釣り公園ですが、公園内の木立に「アライグマ注意」という看板が立っていました。子どもたちも興味津々なので、「そういえばこの前、アライグマ見たような気がするわ（事実）」と伝えると、子どもたちは「そこにネコおるで」「そこにアライグマおるで」「あっネズミ！」「モグラ！」と口々に言って、驚く保育者の反応を楽しんでいる…ということがありました。何のこともない日常的な実践です。それでもこの一瞬で「何か本当にいるのでは？」という気分は盛り上がり、クラス全体で探険気分になり、木立に目を凝らし、足早にしかしそうっと歩く姿を見せたのでした。ごっこ遊びでは、保育者自身も子どもと一緒に必要な保育環境を探し、作り出すことができます。それだけではなく、普段の知っている場所さえも、別の意味を持つ場に変えることができます。ごっこ遊びの中では、子どもも保育者も遊びの当事者です。遊びを楽しむために協力して、必要な環境を探し、見つけた環境に一緒に関わり楽しんでいく。そんな保育者の立ち位置も、時に必要なのではないでしょうか。ごっこ遊びは環境と環境の「間」となり、環境同士を関連づけてつなげていくのみならず、友だち同士を、そして保育者とをつなぐ「間」にもなり得ると考えています。

（註）

(1) ヴィゴツキー,L.S.、土井捷三・神谷英司（訳）『「人格発達」の理論　子どもの具体心理学』三学出版、2012 年

(2) 加用文男「幼児の想像遊びにおける多視点態度性」『心理科学』30 巻 2 号、心理科学研究会、pp.43-56

(3) 河崎道夫『ごっこ遊び　自然・自我・保育実践』ひとなる書房、2015 年

(4) 同じ区内の保育園の 5 歳児クラスが、定期的に交流を行います。ドッチボールなど共通のテーマを決め、一緒に遊びながら交流を深めました。

謝辞

　本章執筆においては、多くの方々に感謝の言葉を述べねばなりません。まず、保育所に勤務していた当時、的確なお導きとともに保育を温かく見守っていただいた所長・主任先生をはじめとした諸先生方。執筆のための資料（当時の月案等）を快くご開示いただきました現・所長先生はじめ職員の皆様。またお忙しい中で原稿を確認いただきました神戸市こども家庭局幼保振興課の部長様。心より御礼申し上げます。

　そして、かけがえのない時間を共にした5歳児クラスの子どもたち。決して飽きることのない、楽しい毎日を本当にありがとう。

〈参考〉保育所の周辺環境

☆芝生広場に向かう道中に現れる歩道橋です。勢いよく渡ると大きな音がするため、「トロルが出ないように、小さいヤギで渡るよ〜」など、様々なドラマがあります。

☆上の「トロルの橋」を渡り、歩を進めると「森」が近づいてきました。

☆木漏れ日の気持ち良い遊歩道…遊歩道を外れて、木立の中に分け入ると、一瞬で別世界。子どもたちが"見た（つもり）"アライグマやネコもネズミも、ここにいました。

☆タグラグビーの舞台になった芝生広場です。広々、全身を使って楽しみました。すべてが平らではなく起伏もあり、丘から駆け下りたりと様々な遊びが楽しめます。

☆海釣り公園内を散策すれば、海も見えます。船を見たり、橋を見たり…楽しい想像も膨らみます。対岸の島に渡った経験を話す子どももいました。

☆保育所への帰りには、高架線をくぐります。電車の轟音に驚きつつ、クラスみんなで手を振ったりと、散歩のまた楽しいひと場面です。

第4章　地域の中で遊ぶことに熱中して育つ子どもたち
〜地域の自然を舞台とした保育実践〜

1. はじめに
(1) なぜ、自然が重要なのか

　幼児期において「調和のとれた発達をしていくためには、発達の様々な側面に関連する多様な体験をすることが重要」[1]です。日本の幼児教育の父と言われる倉橋惣三は「自然物ほど、幼児の全心性に円滑な効果（はたらき）を与えうるものはない」[2]と述べています。特に自然体験は、子どもの生きる力を支える大切な糧になります。

　しかしながら現在では「自然欠損障害」と言われるほど、自然との関わりが著しく減少しており、その結果、子どもの心身に様々な問題を引き起こしていることが指摘されています。[3]この課題は都市部だけではなく、自然豊かな農山漁村も例外ではありません。スマートフォンやタブレットといったスクリーンで過ごす時間の増大、自動車での移動による道草の機会の減少、室内での保育時間の長時間化など、ライフスタイルの変化から、そもそも屋外で過ごす時間が減少していることに原因があります。

　このような生活スタイルが定着してきている中で、世界的では「Screen to Green〜スクリーンからグリーンへ〜」といった、スクリーンの前で過ごす（座りながら作られたコンテンツを消費する）時間から、緑で過ごす（身体を動かしながら、自分なりに過ごす）時間を増やすための取り組みが行われるようになっています。

(2) 本章の目的

　では、どのように自然で過ごす時間を増やしながら、自然体験をはじめ様々な体験ができる保育実践を行うことができるでしょうか。本章では岡山県瀬戸内市あいあい保育園における、地域の自然を活用した園庭・園外での保育実践を整理し、読者の皆さんが実践するにあたってのヒントをまとめていきます。

　そのために3つのポイントから整理していきます。まず園の概要を紹介した上で、①地域の自然を活用する意義を見出すことになったキッカケを述べます。そもそも自然と関わる経験がなかったり、虫が嫌いであったりする場合にはな

かなか自然と関わる意義を見出すことは容易ではありません。そのような中で、なぜ自然を活用することに至ったのか整理していきます。その上で、②どのような実践を行い、また③どのような展開・子どもの姿が見られているのかを述べていきます。

2.あいあい保育園の概要

(1)園の位置する岡山県瀬戸内市牛窓地区の概要

　特定非営利活動法人あいあいの杜あいあい保育園（理事長・園長田淵雅子）は岡山県瀬戸内市に位置しています。瀬戸内市は 2004（平成 16）年 11 月に牛窓町、邑久町、長船町が合併してできた自然豊かな地域です。園の位置する牛窓町は、全体的に傾斜地が多い海岸線沿いに狭長に発達した町で、気候風土が地中海と似ているところから日本のエーゲ海とも呼ばれています。

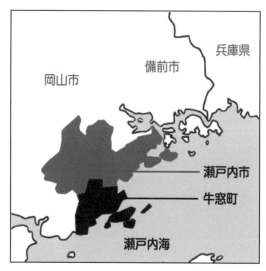

園の位置する瀬戸内市牛窓町

　しかしながら瀬戸内市は岡山県南部でも人口が唯一減少している地域であり、中でも牛窓地域は、市内で唯一「過疎地域指定」をされている少子高齢化が著しく進む地域です。(4)このため地域の持続性が危ぶまれており、地域の産業の持続、山林など自然の管理が極めて難しい状況にあります。

　このような状況下にある牛窓地域ですが、母親の就労増加、核家族の増加などから、出生率は低いものの保育所への入所希望者は増えており、保育園の役割は高まっています。

(2)園の方針と規模

もっともっと遊びたい！
〜心が揺さぶられる保育での遊びこむ経験を通して〜

　年間の保育テーマは上記の通りで、「遊び」を中心に、子どもたちの生きる力の基礎が育つような関わりを大切に保育しています。職員も保護者も地域の方も家庭的な雰囲気の中で、「地域の子どもは地域で育てる」という信念のも

と、子どもたちの仲間として、ワクワクドキドキをともに感じながら、大きな愛情の中で育ち合えるよう、保育園の運営に当たっています。

　2022（令和4）年7月現在の園児、職員の人数は表1のとおりです。保育士の中には、より子どもたちの外遊びを誘発する技能を持つ前職が冒険遊び場のプレーリーダー職員もいます。このような体制のもと、2022（令和4）年度の園の全体計画が示されています。

2022（令和4年）度 園児・職員の人数

 園児　　 職員

年齢	人数	役職	人数	役職	人数
0歳児	11	園長	1	事務他	4
1歳児	16	保育士	27	バス運転手	4
2歳児	15	看護師	0	学童指導員	14
3歳児	19	栄養士	3	嘱託医	2
4歳児	14	調理師	0		
5歳児	19	調理補助	1		
計	94			計	56

園　舎

園　庭

令和４年度　教育及び保育の内容に関する全体的な計画　　　　あいあい保育園

	あいあい保育園
保育理念 （事業運営方針）	「人生は芸術なり」
保育方針	・家庭的な雰囲気の中で一人ひとりの個性を身につける ・基本的な生活習慣を身につける ・伸び伸びと体を動かして遊ぶことができるようにする ・人との関わりの中で思いやりの気持ちを育む ・自然や社会の出来事に興味や関心を持ち、感動する心を培う

☆地域全体ビジョンとの相関性

「人生は芸術なり」を設立の理念とし、子どもたちの幸せのため、社会に役立つ人となれるよう保育と教育を行い、同じ職員・同僚・保護者とも心を一つに寄り添い、責任をもって一人ひとりの園児を人間性豊かな子どもに育成します

	主体的に遊ぶ子ども		
保育目標	・明るく元気な子ども ・意欲のある子ども	・思いやりのある子ども ・豊かに表現できる子ども	

☆地域の実態に対応した事業

	開園時間	７時～18時
☆保育時間	月曜日～土曜日	
☆小学校との連携		

年間保育テーマ

もっともっと遊びたい！　～心が満たされる保育での遊びを通じた鍛錬を通して～

			乳児	1歳児	2歳児	3歳児	4歳児	5歳児	
養護	生命の保持								幼児期の終わりまでに育ってほしい姿 10項目
	情緒の安定								ア 健康な心と体
教育	健やかに伸び伸びと育つ	健康							イ 自立心
	身近な人と気持ちが通じ合う	人間関係							ウ 協同性
	身近なものと関わり感性が育つ	環境							エ 道徳性・規範意識の芽生え
		言葉							オ 社会生活との関わり
		表現							カ 思考力の芽生え
食育を育む力の基礎									キ 自然との関わり・生命尊重
									ク 数量や図形、標識や文字などへの関心・感覚
									ケ 言葉による伝え合い
									コ 豊かな感性と表現

	あいあい保育園
健康支援	
環境・衛生管理	
安全対策・事故防止	
保護者支援 地域への支援	
	研修計画
	特色ある保育
	自己評価

3. 地域を舞台とした保育の展開〜園の沿革と施設環境〜

　それではまず、「①そもそも、なぜ地域の自然環境を活用しようと考えたのか」をお伝えします。あいあい保育園が、地域の自然を活用した保育実践に行きついた理由を、園の沿革を通じて説明していきます。あいあい保育園のこれまでの保育実践は、大きく3つの時期に分けることができます。

　まず①模索期（認可外保育園時代）です。現在の地域の自然環境を活用した保育を進める原体験とも言える時期です。当時、田淵園長は別の園で保育士として働いていたものの、子ども主体の保育ができていないことに疑問を抱いており退職を決断します。その後、園長先生自身の自宅を開放した認可外保育園「子どもの家あいあい」を開園し、特に園庭のような用意された場所があるわけでもなく、またプログラム（保育の計画）も作らず、地域の中で、子どもたちの自由な遊びを見守る保育実践を行うこととなります。その実践では、自然を介して熱中して遊ぶ子どもたち、その遊ぶ姿を見て話しかける近所の大人たちの姿がありました。また、決まりごとや呼びかけも無い中で保護者も自ら協力しながら園の運営が行われており、まるで大きな家族のような雰囲気だったと振り返ります。この実践から「環境が整っていないところほど、子どもは力を発揮する」ことを実感し、制度に縛られない自主保育をしていました。

　次に②移行期です。認可外での保育活動を続けていたものの、自主保育であったことから安定的な収入があるわけではない上に、人数やニーズも増加する中で、より安定した保育の実施が必要だと感じるようになりました。そこで児童福祉施設設置認可を受け、「あいあい保育園」と名称変更後、現在の場所に移転しました。その後も収容人数や機能を拡大させながら、より安定的な運営基盤のもと、多くの子どもたちの保育に当たることができるようになりました。

　最後に③地域への展開期です。移転先の園舎は山林に囲まれていましたが、草や木々が生い茂っており、保育の場として活用するイメージはありませんでした。そのような時、「備前プレーパーク！森の冒険ひみつ基地」を視察する機会がありました。この視察を契機に、地域の人から土地を借りながら山林を開拓し、子どもたちの遊び場を作り出すことを決意します。この経験、そして①模索期の地域との場所や人とつながりを活かした保育を通じ、保育を展開することとなるのです。

これまであいあい保育園の沿革を3つの時期を振り返りながら、地域の自然環境を活用することになった契機を述べてきました。整理するとその契機は大

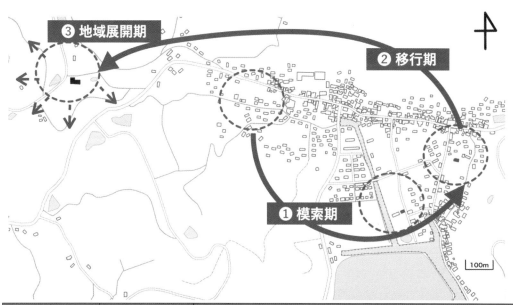

時期	年月	園の概要
① 模索期 （認可外）	1995年4月	「子どもの家あいあい」として園長の自宅一部を開放
	1999年4月	こいのぼり図書館に移転
	2001年5月	平屋の民家に移転
② 移行期 （認可外から 認可園へ）	2001年7月	児童福祉施設設置認可　名称を「あいあい保育園」に 定員20名でスタート
	2002年4月	定員30名へ：延長保育事業開始
	2003年4月	一時保育事業開始子育て支援センター開所
	2004年4月	定員45名へ：障害児保育事業開始
	2005年4月	定員60名へ：現在の園舎に移転
	2005年7月	特非）あいあいの杜あいあい保育園となる
③ 地域への 展開期	2015年4月	放課後児童クラブ「ゆめクラブ」事業開始
	2016年4月	支援センター増設
	2016年6月	半年かけて「わくわく山秘密基地」開拓
	2018年4月	定員70名へ：保育室増設
	2019年4月	放課後児童クラブ指定管理者：今城っ子クラブ1組2組

園の沿革と地域での展開

きく 2 点あります。1 つ目は園長先生自身が子どもの主体性や興味に基づいた保育に関心（保育観）がある中で、子どもたちが地域の自然といった整備されていない環境で熱中した遊びをしている姿を見て、自分自身が納得のいく保育の形を見出せたこと。2 つ目はプレーパークといった、自然を整備しつつ遊びの仕掛けがあり、プレーリーダーといった自由な環境との関わりを許容している場へ視察したことが挙げられます。

　以上 2 点が地域の自然環境を活用する契機となりますが、そもそも 1995（平成 7）年以前に園長先生自身が保育士として働き自分自身の保育観を形成していたこと、その保育観を確かめるために試行錯誤したこと、そして日常的に近隣の住民と話すなど関係性を構築していたことから、地域資源を活用した保育を着想し、また実行し得たと考えられます。

4. あいあい保育園の園外活動

(1)園外活動の一覧

　では実際にどのような活動を行っているのか見てみましょう。ここでは活動事例を 3 つ紹介し、「②どのようにどのような地域（自然）資源を活用した実践をしているのか？」「③②の実践から、どのように展開し、どのような子どもの姿が見られるのか？」の 2 つについて考えていきます。

　活動事例は図に示す通りで、1 つ目は園の周囲を取り囲む山林を活用した遊び場整備、2 つ目は地域の水路でのカニ釣りから園のお祭への発展、3 つ目は園でのイカダ作りから海で乗ってみる、以上 3 つです。日常的な活動の場である保育園周囲での環境整備実践から、園からのお散歩コースでの実践、そして少し離れた地域の海での実践といったように地域内を巡りながら事例を紹介していきます。園庭だけでは完結できない子どもの活動を、周辺の地域を拡張された園庭として捉えて展開された実践事例です。

　なお各事例の紹介では、活動概要（活動内容・場所・共同者）を示しつつ、子どもたち、そして保育士や地域への影響、成果を考察し実践するにあたってのヒントをお示しします。事例 1 の活動の展開・子どもたちの姿は園長先生への聞き取りから、事例 2、3 は担任保育士のエピソード記録を基に作成しています。各事例の実践のヒントは執筆者が示しています。

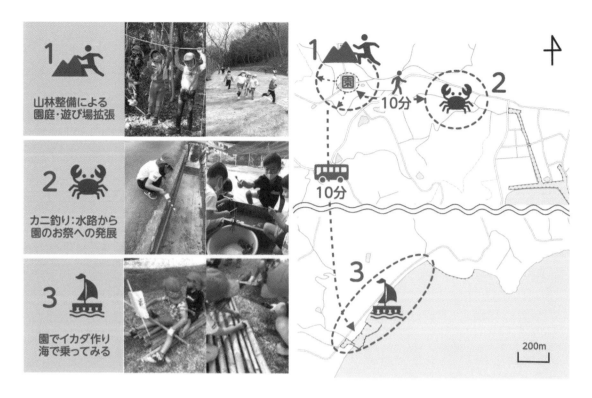

地域資源を活用した保育活動と実施場所一覧

(2)事例1：地域の山林を整備し遊び場の拡張
①わくわく山 part 1 の整備　2015（平成 27）年

　地域から借りた山林の整備期間は 2015（平成 27）年 6 月から 12 月、園長、保育士、保護者、地権者を含めた近隣住民で行われました。

　以下、山林開拓に着目した経緯、思い、開拓時の様子、子どもたちの活動の様子について園長先生から伺ったことを示します。

　山の中に園舎を建て、最初はこんな山で大丈夫だろうか？虫も多いし・・・園運営に躊躇していました。しかし、日曜日に園に来ると小鳥のさえずりがとても美しく、心地よい風がふき、なんて気持ちがいいのだろうか？と感じました。子どもたちがこんな素敵な自然の中で生活すると心も体も元気に育つだろうと実感しました。

　とは言え、拡大した園の運営に忙しい毎日を過ごす中、園周辺環境の自然は「見る」ものであり、園の前をよく散歩しているおじいさんから園の裏手に位置する「うちの山、使うか」と言われていたこともあったけれども、「使う」ことなど、全く想定にはありませんでした。

　ところが、ある日、その考え方を見直すことになる出会いがありました。瀬戸内市保育協議会を通じて隣接の備前市にあるNPO法人備前プレーパークの会の運営する地域子育て支援拠点事業「備前プレーパーク！森の冒険ひみつ基地」へ視察する機会がありました。一定整備された環境と言えども、子どもたちが自由に遊ぶことのできる環境があり、プレーリーダーにより、子どもたちの主体性に基づいた場づくりが行われています。特にこれといった環境があるわけではないのですが、なにせ遊んでいる子どもたちが生き生きと遊んでいるのです。遊具がなくとも子どもたちが「やってみたい！」ことを自分で試したり考えたり、近くにいる友だちと助け合ったりしている姿がありました。

　その時、地域を舞台に保育をしていた模索期の「環境が整っていないところほど、子どもは力を発揮する」という記憶・感覚が蘇ります。無認可のときのように、無計画で自由な活動を行うことはできないかもしれないが、「こういった最低限しか整備されていない環境を日常的に確保することで、子どもたちが思う存分、遊びに熱中できるのではないか」と感じ、この「やってみたい！」という思いを園に持ち帰りました。

　園の前を散歩されている土地の持ち主のおじいさんにも話をしてみました。改めて山林を子どもたちが遊べる環境したい思いを伝えたところ、「使ったらいいよ」と言ってくださいました。また、職員にもその感動を精一杯伝えたところ、理解を得ることができました。

　しかしながらみんな、「いやいやいや、どうやってやるの…」といった反応。無理はありません。園の裏山は斜面に木々が生い茂り、足を簡単に踏み入れることはできません。自然はそう簡単な相手ではありません。そのような困難を目の前に職員の「みんなで木を伐りますか？」との一言に千里の道も一歩から、電動ではなく手動のノコギリを片手に山林開拓が始まりました。

それからというもの、少しずつお昼の時間に木を切っていきました。その後は、そんな姿を見るに見かねて保護者の方々が手伝い、それから有志が集まり、ギコギコと作業をすすめること半年、生い茂った山に子どもたちが入れるようになりました。

　いよいよ、わくわく山が開園。初めて山に入った子どもたちは、大きな声を上げ斜めの山を駆け上がり、走り回ります。喜ぶ子どもたちを横目に保育士たちは、「転げ落ちないか…怪我しないか…、そこまでやるか…」と不安になります。自由に思いっきり、遊びに熱中する子どもたちの姿を見るのは喜ばしい反面、大事故に繋がらないか危険管理も求められます。ヒヤヒヤしつつ、子どもたちの様子に目を配らせていると、はじめの頃は、慣れない斜面に滑ったり転がったりしていましたが、次第に身のこなし方が変わっていく様子が見られるようになりました。

　遊び方は、初めの頃は、整備されすぎていない自然の中で、遊び方もわからず、木の枝や葉っぱを拾い集めるだけでした。それが時間の経過とともに、自由に歩き回り散策したりしているだけで楽しそうな姿が見られ出しました。他にも虫を見つけてみんなで、集まって話をしている姿もありました。その後、子どもたちと一緒に山での遊び方について考えていきました。自然遊びに詳しい方を紹介していただきました。そして、その方を中心に保護者とハンモックやターザンロープ、傾斜をカバーするためデッキも作りました。少しずつ自然に手を加えていくと、子どもたちの遊びにも変容が見られ始めました。それは、基地づくり、バーベキューごっこ、2階建ての家作り、木登り等の遊びに発展していきました。

　このように、わくわく山で遊ぶようになってからというもの、子どもたちの表情も生き生きとしたものになっていきました。このわくわく山ができてからというもの、子どもたちは登園してから給食前まで山で延々と遊んでいます。初めはぎこちなく過ごしている子どもも、次第に斜面を駆け上り駆け下りるようになっています。

以上の子どもたちの様子から、こういった自然の遊び場、すなわち（一般的な園庭の）築山と異なり多様な凸凹のある地形に、自分なりの想像力で自由に加工のできる自然素材のある場所では、子どもたちの創造力が育つと感じました。そして、体幹も育ち、自然の中で五感をフルに働かせ遊ぶ姿に感覚統合が促されるということも実感しています。

②新たなわくわく山 part2　2021（令和3）年

園長先生は、更に子どもたちの遊び場を確保したいという思いから園舎の近隣の山林の整備に取りかかりました。整備は、2021（令和3）年3月から園長保育士、保護者、地権者を含めた近隣住民で行われました。

わくわく山 partⅠ同様、山林開拓に着目した経緯、思い、開拓時の様子、子どもたちの活動の様子について園長先生から伺ったことを示します。

新型コロナウイルス感染拡大から、運動会をする場所がなくなっていました。そこで、地域の方から使っていない山を借りることになりましたが、なかなか開拓ができずにいました。しかしながら、運動会も近づいてくることもあり、山の開拓に着手しました。わくわく山 part1 時よりも至難の業でした。園の職員だけではできず困惑していたところ、地域の方が見かねて機械を貸して下さり開拓を進めるに至りました。途中で、そこの平地にある木の生えている山は違う方の所有地と知りました。早速、その方にも会いに行きました。山を所有している方に、子どもたちの遊んでいる様子、完成形、地域の方々にも利用していただける場所になるようにしたいという思いなどを話しました。

すると、その方は、「どうせほったらかしにしとる山だから使ってくれたらいいよ」「なかなか山の世話をするのは難しいから、園で使ってくれるとありがたい」と言ってくださいました。そして、無償で貸していただけることになりました。そこから本格的に開拓が始まりました。開拓作業は、腐っているような木は間伐したり、イノシシ避けを設置した

りして、安全に遊べるように環境を整えていき
ました。地域の方をはじめたくさんの方々のお
力をお借りして、子どもたちが遊べる形になり
ました。

　開拓した山は、わくわく山 part2 と命名しま
した。そして、3 歳以上の運動会開催をするこ
とができました。また、朝の遊び時間も山へ上
がって遊んでいます。そこでは、サッカー、マラソン、縄跳びが展開されています。この
ような遊びは、長い土地ということで、狭い園庭でするよりも楽しむことができ、身体を
しっかり動かして遊べる場所になっています。

　そして、この山でマラソン大会と、縄跳び大会も実施しました。毎日続けているマラソ
ン、縄跳びをみんなにも見てもらい、拍手をもらうことで、満足感を味わい自信へとつな
がっていきました。

　今後は園児のみならず、地域の子どもたち、地域の方、保護者が集える場所にしていき
たいと思っています。この夏休みは隣接している放課後児童クラブの子どもたちも山へ上
がって遊んでいます。

　地域の方々にもお手伝いいただきながら環境を整えていき、秋には地域に開かれた遊び
場としてお披露目をしたいと考えています。

　何も持っていない私たちが地域の自然を活かし、地域の方々にお世話になりながら一歩
一歩できるところからできることを積み重ねてきました。

③事例1「地域の山林を整備し遊び場の拡張」からみる実践へのヒント

　園長先生の自然環境を活用し、子どもの主体性を大切にした保育を実現したいという保育観が、地域の方の所有する山林を借りることにつながり、遊び場（園庭）として地域の自然環境（山林）の活用によって実現している実践事例でした。わくわく山 part1 では斜面や自然を活用した挑戦的、想像力を働かせた遊びができる環境が整備されました。遊び方が意味づけられていない自然環境を使うことで、保育士が関わり方を規定せずに、子どもが主体的に環境に関わり、イマジネーションを投影する遊びが行われていました。Part2 では、広がりのある平らな運動場に整備することで、かけっこやサッカーなどの運動的な遊び、そしてマラソン大会、縄跳び大会、運動会といったイベントができる環境が整備されていました。

　このようにいくつもの外遊びの環境を設定することにより、もともとあった園庭だけでは想像し得なかったような多様な遊びが可能となっています。このことから、遊びを通じて日常的に豊かな感性や感覚を養い、またイベントを通じて頑張ってやり遂げるというレジリエンスを育むことにつながったと考えられます。子どもにとって自然環境は、応答的で多様性があり、見立てやすさ、挑戦できる環境なのです。つまり、自然環境は遊び込むことを保障し、心情、意欲、態度を育んでいくのではないでしょうか。

　それでは実践するにあたってのヒントを 2 つにまとめます。

A. 自然を遊び場・遊びの材料として活用できる目を養うこと

　本実践紹介の冒頭にも述べたとおり、冒険遊び場（プレーパーク）といった、外遊びの支援を行う場に訪れたことがキッカケとなり、わくわく山の整備につながっています。冒険遊び場は、「すべての子どもが自由に遊ぶことを保障する場所であり、子どもは遊ぶことで自ら育つという認識のもと、子どもと地域と共につくり続けていく、屋外の遊び場である」[5]と言われます。

　改めてわくわく山 Part1 を見てみると、子どもたち自身が遊びに熱中できる環境にあること、そして熱中するために、自然素材をどう使ったらよいのか、またハンモックやターザンロープなどヒントがあったり、山での遊びを知っている人から遊びを教えてもらったりしていることが挙げられます。無論、子どもたちが自然から遊びを発見していくことも大切ですが、こういった楽しみ方を共有していくことで子ども自身、そして大人たちが共につくり上げていく遊

び場となっています。もしこのような実践を検討する場合には、子どもが遊びに熱中できる環境づくりを行っている冒険遊び場や事例を見に行き、体感的に理解することが重要です。

B.園と地域の双方が「Win-Win」の関係になる展開をすること

　そもそも、なぜ地域住民は土地を提供してくれたのでしょうか。それは、地域の子どもの成長を願うという気持ちがあることはもちろん、山林整備や管理を担ってもらえるという利点があるからです。

　地方における山林は、地権者の先祖代々受け継がれているものであり簡単に売却ことはできません。その一方で日々の仕事に追われたり、高齢化が進んだりしていることから山林の管理が追いついていない現状があります。その結果、より高い場所からイノシシ等の動物が降りてきてしまい、畑が荒らされ、人が住むエリアに出てきてしまうといった鳥獣被害が課題となっています。

　今回の事例では、保育園が土地を借り保育活動の場として活用できるという利点があり、地域にとっては山林が管理してもらえるといった利点があり、WIN-WIN（互いに利益のある）関係になっています。見方を変えれば、そもそも保育園も地域の中にあるわけですから、園庭や園の周辺での鳥獣被害を防ぎ、より安全な保育を行うことにもつながります。土地に関しては、地域から購入してしまったほうが効果的なような気もしますが、上述の事情や購入してしまうと地域との関係もそれで終わってしまうことが挙げられます。借りるということで、地域と継続的に関わりを持つキッカケとなっていきます。

(3)事例2：子どもの遊びから地域の水路でのカニ釣り

　子どもの遊びをキッカケに、2021（令和3）年5月から7月までの期間、地域の水路でのカニ釣り、お泊り保育での取り組みに発展した事例を紹介します。ここではどのように園長先生、保育士、地域住民が子どもに働きかけながら、活動が展開していったのか、それぞれの段階での活動展開を示しながら、地域資源の活用やそこで見られた子どもたちの姿を示していきます。

①家庭での自然遊びから園の遊びへ：魚釣りブームの到来
お休みの出来事を話す5歳児

ゴールデンウィーク明けのクラスの中は、子どもたちの楽しかった出来事でもちきりでした。そんな中、Ｔ児「魚釣りに行った！カサゴ釣った」という話が出たことがきっかけで「僕も行ったことがある！」「お父ちゃんと大きい魚釣った」「うちは海がすぐ近くだからよく行く」等、クラスの中が魚釣りの話題で盛り上がりました。その後、子どもたちは廃材コーナーの周りで釣り竿や魚を作る遊びが始まりました。そして、いつの間にか魚を作る子ども、釣り竿を作る子どもに分かれていきました。夢中で自分の得意なことをしようとしたり、できないかもしれないけど挑戦したりする姿を伺うことができました。

　釣り竿を作るところでは、サランラップの芯・新聞を丸める・木の棒を使うなどいろいろな素材の中から自分なりの釣り竿を作りました。釣り竿ができたら次は紐を取り付けることになりました。Ａ児が「紐をたらさんといけんよ。ビニール紐がいいかな？」と言いました。すると、Ｔ児が「でも、ビニールひもはおえんのんで。近所のおばあちゃんが青いビニールの紐はカニが、よー見えるから紐は細くて色がないのがいいんよと言ってた。でもそんな紐がないんよな」と言っていました。

　Ｔ児が保育士に「細い紐が欲しい」と伝えると、保育士は凧紐を出しました。「これこれ」と嬉しそうでした。子どもに考えさせ工夫させることは大切ですが、同時に達成感を持たせないと先に進むことができないので、保育士は、子どもの思いに対して適切に応答することが大切だと考えられます。

　その後、魚を作っていた子どもたちが、「Ｔ君、どんな魚がおるんかな？」「魚の形がわからない」と言い出しました。Ｔ君は「長くて黒のような色で」と話すが分からないので、本のコーナーの魚の図鑑をＲ君がとってきてみんなで調べることにしました。その図鑑を見ながら魚を描き始めました。すると、釣り竿を作っていたＴ児が「タイを○○（弟）の誕生日で食べたで」と言うと、Ｂ児「おれ昨日タコ食べた」など自分たちの知っている魚の名前を言い始めました。もちろん、クジラやマグロ等も出てきました。

　保育士は子どもたちの知っている魚の種類は少ないことに気づき提案しました。「牛窓も海があるし、Ｃ君やＨちゃんのお父さんは魚を釣るのがお仕事だから聞いてみる？」と提案することで、子どもたちの意欲を持てるような言葉かけに心掛けました。

魚ってどんなのが釣れるの？

次に日の朝の会で、たくさんの魚の種類が出てきました。子どもたちは、「た
くさんの魚がおるなー。でもクジラはおらんじゃろ？
このへんは」「マグロはおるかな？」と言っていま
した。牛窓で捕れる捕れないということを考えながら会
話が弾んでいきました。魚の名前と写真を貼ったもの
を遊びのコーナーに持っていき、みんなが（3・4歳児
もいるから）描きやすくなるように子どもたちが準備
しました。

上手く釣れない

その後、実際に魚釣りの遊びが始まりました。

子どもたちは、「なんかうまく魚が釣れん」「どう
して？」「だってひっかけるところが、ぐにゃっと曲
がるもん」と言いながらも工夫して釣ろうとしまし
た。なかなか釣ることができない子どもが「Tくん魚
が釣れん」T児「針がいる」K児「針は危ねえわ」と数
名で相談をしました。

「製作ワゴンには何もない？」とR児がみんなに聞
きました。すると、T児は「これは？」とアイスクリームの木のスプーンを出
しました。みんなは「？？？」という反応でした。T児はそのスプーンをはさ
みで切り始めました。丁の字のような形にしていきました。出来上がった丁の
形のものを紐につけると釣ることができました。保育士は、「針」と言われた
時、針金の提案をすることを考えましたが、子どもたちの思いをここでは大切
にしました。

それから、しばらく釣りブームが続きました。釣り竿作りも失敗をしたり、
一つの釣り竿に工夫を重ねたりする姿も見られました。新聞やサランラップの
芯では弱いということもわかり、山の木を拾ってきてそれに紐をつけたりしま
した。しかし、紐をつけるのも結ぶことは難しく、何度も巻いて最後はガムテ
ープで貼ったりしていました。結ぶことができる子どもも数名いましたので、
友だち同士手伝ったり、教えたりする姿も見られました。

保育士は、子どもがあることにこだわり何度も試している姿に理解を働かせる姿勢だと考えられます。

本物が釣りたい！

　子どもたちは、魚釣りごっこをしている中で本物の魚が釣りたいという思いが募ってきました。そこで、園で飼育している金魚やメダカに着目しました。事務長が飼っている金魚やメダカがたくさんいるのを子どもたちは知っていたので、「金魚釣りたい」と事務長に話を持ち掛けました。しかし、事務長が「金魚は釣ったらかわいそうだろう？」と、困った表情で子どもたちに話をしました。「弱ってしまうからな」「事務長が横を歩くと金魚たちが集まってくるんよ。それぐらい金魚は事務長のことが好きだからな」と言われ、子どもたちは素直にあきらめました。そこで、子どもたちから「先生、魚釣り行きたい！」という声が上がり始めました。

　保育士も一緒に考えましたが、海に行くことができるかな？どこに行けるかな？と悩みました。保護者にもその話を伝え、悩んでいることなども送迎時に話しました。保護者には日々、ドキュメンテーションやクラスだよりで遊びの様子を伝えているので、保護者の方々も一緒に悩んでくれました。保護者からも「せっかくだから体験させてあげたいし…」「魚を持ってくることはできるけどなー」など、一緒に考えてくださいました。「カニとかザリガニは？」という意見もありましたが、「ザリガニはまだ早いかな？」などと教えてくれる保護者もありました。

②魚釣りからカニ釣りへ
カニ釣ったよ

　数日後、Ｔ児がカニを釣ったと家から持ってきました。その経緯は、園での魚釣り遊びでのＴ児の様子を連絡帳でお知らせしていたので、保護者もＴ児の思いを理解し、以前からカニ釣りにはまっていたこともあり、祖母宅の前の川でカニ釣りをしたようです。Ｔ児は、その時の様子をクラスの友だちに話してくれました。おばあさんに「エサほしい」と言うと煮干しが入った袋をくれて、保育園で作った釣り竿を使って釣ったことを教えてくれました。みんなが「煮干しって何？」とい聞くと、Ｔ児は「わからんけど、魚の小さいの」と答えていました。

保育士は、T児が中心となって始めた釣りごっこだから、思いも深いのだろうと感じました。保育士が「煮干しはお味噌汁の出しをとるんよ」と言うと、子どもたちは、「それで釣れるん？」「釣ってみたいなー」と言いながら、T児に釣ったカニを紹介してもらいました。これでまた、子どもたちにカニを釣りたいという意欲が出てきたような気がしました。

　そして、いよいよみんなでカニ釣りをしてみることになりました。初めに、その煮干しはどうやってつけたのか？どんなふうにして釣ったのかをT児に詳しく聞くことにしました。

　T児は、カニ釣り博士にでもなったような面持ちで、「紐に煮干しをぐるぐる巻きにしてつけた。でも、落ちるばかりするから、キャップ（ペットボトルの蓋）に穴をあけて紐を通して、おばあさんにくくってもらい、それに煮干しを入れて釣ったんよ」と詳しく話してくれました。

　次の日から他の子どもたちもカニを持ってき始めました。そして、持ってきたカニを自分たちの釣り竿で釣り始めました。なかなかつれなくて悪戦苦闘していましたが、カニを釣ることができた子どもたちは嬉しそうでした。

　しかし、カニ釣りをしているうちにカニが弱り始めました。保育士は、子どもたちに元気がなくなったカニの様子にも気付いてほしいと思い、子どもたちに「カニさん病気かな？」と声掛けをしました。そして、命の大切さを遊びの中でもしっかり考えることも重要だと思い、クラスのみんなで相談しました。クラスの話し合いの中では、「エサあげたよな」「釣ったらすぐはなしてあげたし」「水？」「わかった。川の水じゃないと、カニがいる所の水じゃないといけんわ」「じゃあどうするかな」「一回川に返してあげる？」という意見が出たとき、T児「えーっ！俺がせっかく捕まえたのに」と言いました。「でもかわいそうじゃが」と、みんなに言われました。保育士も「T君は捕まえるの上手だからまたお願いしてもいい？」と言うと、T児「しかたねえな。かわいそうじゃから俺が釣ったとこへ逃がしてくるわ」と納得しました。

お泊り保育にカニ釣り大会をしよう

　あいあい保育園では、年に1回7月にお泊り保育の行事があります。お泊り保育で行うコーナー遊びは、主に5歳児が考えます。その話し合いを子どもたちとしていました。いかだ作りや竹水鉄砲などたくさんの案が出る中で、「カニ釣りをしたい！」との意見も出ました。その時、保育士は5月からの長いス

パンで継続しているカニ釣りを実現してあげたい、そして、地域の川で釣る経験ができればと思い、園長先生に相談しました。園長先生も賛同してくださり、園長先生の自宅前の細い川でカニ釣りをする計画ができました。

　その話を子どもたちにすると大喜びで準備を始めました。子どもたちは、釣り竿をもう一度直したりし始めました。そして、「エサはどうする？」「煮干し？」「家から持ってくる」「僕も聞いてみる」などの声がありました。ある子どもが、「Tくん、エサは煮干しだけ？」と言いました。すると、T児「あのなー、近所のおばあちゃんがここのカニは煮干しじゃあ釣れんよって言っとった」K児「ミミズ？青虫？お父さんが青虫で魚釣っとったよ」「ちがうんよ」とT児。みんなが「えっ？何？」と大きな声で聴くと、T児は「たくあん？？・・」K児「たくあんって何？」T児が色々説明するがわからない様子でした。そこで、保育士が「大根よ。大根を漬物にしたもの」と言うと、みんな不思議そうな顔をしていました。そして、「おばあさんカニ釣っとんかな？」「カニ釣り名人じゃろ」と言う子どももいました。

　本当にたくあんで釣れるのか子どもたちは半信半疑でしたが、保育士が「たくあんは先生が用意するわ」と言い、みんなで準備を進めました。保育士が「カニは川のどこにおるのかな？」と聞くと、すかさずT児が「石と石の間に隠れとる」と言いました。そして、カニを釣るときのポイントについて、みんなで話し合いました。子どもたちは、カニは石と石の間にいて、そこから爪を少し覗かせるから、その時に、喋らず音を立てず、そーっと行くことを共有しました。

カニ釣りに出かける

　園外保育当日、園から歩いて水路に向かいます。興奮気味の子どもたちはカニ釣りを始めると、ポイントのことをすっかり忘れてどたどたと歩いたり、大きな声で話したりしました。すると、T児が「静かにして。カニが逃げるよ」I児は「忘れてた」と言っていました。

　黄色、白のたくあんを用意して行きました。子どもの力では、針にたくあんがなかなか刺さりませんでした。焦りながらも友だちの針につけるのを手伝ったりして協力しながら釣り始めていました。D児が「釣れた！1匹」「あっ、道

と一言。なんで黄色はだめなのかみんなは不思議
を歩いとるよ」「網持ってきて」と言って網でゲット
しました。そこに釣り名人の近所のおばあ
ちゃんが登場。おばあちゃんは「黄色はおえんわ」
そうでしたが、釣り名人のおばあさんの言うこと
は子どもながらに本当だと思えたのでした。

　保育士も夢中で釣ろうとしましたが、とても難
しかったです。釣れたと思ったらすぐカニが爪を
広げて川へ落ちてしまいました。しかし、子ども
たちは生き生きと、意欲的に釣りをしていました。
釣れなくても、また繰り返し釣っていたら釣れた
と喜びの声も聞かれました。みんなで協力しなが
ら、2チーム合わせて25匹？釣れました。

　釣りに行ったことを保護者に伝えると、次の週
たくさんのカニが届きました。子どもの思いが通
じて、こんなにもたくさんのカニがこんなに集ま
ったのだと思いました。海のカニ、川のカニ、溝
にいたカニ、大きいカニ、小さいカニ、硬いカニ、
柔らかそうなカニ、甲羅に模様のあるカニが集ま
りました。それを見たカニ博士のＴ児が得意そう
に「海のカニは赤いし甲羅が強そうじゃ」と言っ
ていました。色々なカニを見て探求心が沸いたのか、図鑑のところに行きカニ
の名前やどんなところにいるか等を調べていました。

③お泊り保育前日・当日

　保育士は、お泊り保育前日、子どもたちが自分たちで準備をできるようにしていきました。子どもたちの様子を見ながら、カニを入れる大きな入れ物を用意したり、水を準備したりすることを提案しました。

　子どもたちから「カニの水？」「川のカニは川の水じゃないといけんよ」「海のカニは海の水よ。川のカニ、海のカニと入れ物に分ける。川のは柔らかいから、優しく持たんといけん」という声が聞かれました。そして、T児が「カニは甲羅の横を持つんよ」「そうしたら、爪で挟まれんよ」と言いながら、カニの持ち方を説明してくれました。みんな怖々持っていました。持てたら嬉しそうで誇らしげな表情を見せていました。これは、カニ博士のT児が、みんなにわかりやすく説明したからだと思いました。

　お泊り保育当日、今までみんなで準備してきたコーナー（カニ釣りコーナー・シャーベット作りコーナー・竹水鉄砲の的当てコーナー）を楽しみました。4・5歳児が4チームに分かれました。2チームは最初、コーナーの担当で、他の2チームはコーナーを回ってゲームをしました。そして、カニ釣りコーナーのルールは1チーム7〜8人ずつがカニ釣りをして釣った数を競うものでした。全園児が喜んで参加してくれて、暑い中、カニ釣りに出かけた子どもたちは満足そうでした。

　子どもの遊びを軸に、3ヶ月という長期間に渡って園庭・園外で活動が展開した実践事例でした。自分のやりたい遊びや活動を思う存分経験することに加えて、クラス全体で共通の目的をもって取り組む活動も園生活では必要不可欠なものです。それは、友だちとの関係が少しずつ深まってくると、共通の目的や課題をもって活動することが楽しいと感じられるようになるからです。お泊り保育に向けては、今までの経験や友だち関係を土台にして、遊びや生活の中でテーマを見つけて1つの目的に向かって力を合わせて取り組んでいく力が育っていく様子が見られまし

た。子どもたちが主体的に環境に関わり、遊びや生活を進めていく中で協同性が育まれていったと考えられます。

　子どもへの影響として、子どもの興味関心⇒仮説⇒検証というプロセスの中で、友だちと相談し、自己調整⇒学びの芽生え⇒協同性が育まれていく様子が見られました。

④事例2：「子どもの遊びから地域の水路でのカニ釣り」からみる実践へのヒント

　地域の自然を活かした保育実践を行う上でのヒントを2つ示します。

C. 子どもが関心を深めることのできる「方法」を提示すること

　まず保育士の適切な援助です。カニに関して、生息する場所の情報収集、釣り方、触り方等を保育士が子どもたちと考える中で、子どもたちの心の動きが感じられました。ただし心が動いても、興味関心が高まっても、それを表現する手段、実現できる方法、環境が整っていないと子どもたちの実際の遊びにはつながっていきません。保育士が適切に手順や方法を提示していくことがこういった広がりのある展開結びついていったものと考えられます。保育士自身が生き物のことを知っていることも重要ですが、このように、子ども自身が関心を深めるためには、どのような援助をするとよいか、子ども1人ひとりの個性を考慮しながら考えることが重要です。

D. 知恵を共有してもらいながら、家庭・地域とつながること

　園を軸とした家庭・地域とのつながりです。家庭で体験してきたことを、園の遊びの種として保育士が拾い上げ、また地域住民がかつて日常的な外遊びの中で培ってきた情報や知恵を子どもたちにも共有しながら行いました。園内の環境、保育士だけではできないことも、地域の自然環境、保護者、地域のおばあさんの知恵を借りることで子どもたちの学びをより深いものにすることができます。このように地域住民の力を借りながら達成できたことは、子どもたちが地域への愛着を持つ契機となったり、援助をしたり地域住民の生きがいにつながります。

（4）事例3：園内でのいかだ作りから、海でのいかだ遊びへ

　3歳児の段ボールを使った船作りをキッカケに2021（令和3）年5月から7月までの期間、園庭でいかだを作り、それを海に浮かべることに発展した事例を紹介します。ここでは、どのように園長先生、保育士、地域住民が子どもに働きかけながら活動が展開していったのか、それぞれの段階での活動展開を示しながら、地域資源の活用や見られた子どもたちの姿を示していきます。

①3歳児の船つくりがきっかけでのいかだつくりへ
わくわく山の木を使ったいかだつくり：5歳児

　この日（5月31日）の朝の遊びでは、釣り竿作り、砂場で湖作り、3歳児が段ボールを使った船作りをしていました。

　遊びの様子を見ていると、突然S児が山にあった2mほどの太く長い木を引きずりながら広場まで運んできました。しかし、それを使ってどう遊ぶか決まらずS児が木を持ったまま動き回っていました。その様子を見ていたK児が「その木でいかだにしよーや」と誘いかけていました。すると、S児も「いいなあ、いかだ乗りたいなあ」と賛成しました。その後、S児は山から木を持ってきて、K児が木を並べるなど役割分担をして遊びを進めていきました。

　最初は5本の木を園庭に縦に並べて乗っていました。しかし、お尻が動くと木がズレてしまいました。そこで、2人は「木を紐でくくろう」と言い出し、タフロープを持ち出し留めていました。

　S児・K児は次の日（6月1日）も同様にいかだ作りをしていました。木を増やしたり長い木は切ったりと段々いかだらしくなっていきました。その遊びに

興味を持ったＹ児・Ｔ児・Ａ児も参加し始めました。6人で仮説を立てたり議論したりしながら、木の間に隙間はあるものの子どもたちが思い描いていたいかだの形が完成しました。そのタイミングで砂場の湖も完成しました。6人は、その砂場の湖にいかだを入れて乗ってみることを思いつきました。いかだを湖に入れて乗り、座れたことで満足そうでした。その後は「乗りたい」と集まってきた異年齢児にも順番を代わって乗せてあげていました。保育士はここでいかだ作りが終わり「湖からプールに浮かべたい」と言うかな？と思っていましたが、保育士の予想に反し別の遊びへと展開していきました。

竹を使ったいかだ作り：5歳児

　後日、たまたま『アイアム冒険少年脱出島〜無人島から脱出対決〜』というテレビを見たＫ児が「いかだは竹で作るんじゃって」と言い、「俺んち竹あるからおとうに言ってみるわ」と言いだしました。保護者の方にも遊びの様子や本児の思いを伝え、「もし竹がありましたら持ってきてほしい」とお願いをしました。

　6月22日の夕方、Ｋ児の父親が園に竹を持ってきてくださいました。保育士でわくわく広場まで運びました。太いものと細いもの様々な竹を、海賊船のタイヤ築山の辺りに立てかけておきました。次の日、子どもたちと一緒にわくわく広場に行くと子どもたちはすぐに竹の存在に気づきました。

　早速、竹に興味を持った子どもが上にまたがって揺らしたり、四つん這いになって竹の上を登ったりして遊んでいました。すると、Ｋ児は「いかだに使うんじゃ」と太くて長い竹を持とうとしました。しかし、それを見たＴ児に「重いと沈むが」と言われ、「あ、ほんまじゃな」と思いとどまり「どれ使ったらえん？」と聞いていました。Ｔ児が「細いのがえんじゃね？」と言うと、Ｋ児も「じゃあ細いのにしよう」と決まり竹を運び始めました。その様子を見ていた4歳児やクラスの友だちが手伝いに来てくれみんなで広い場所に竹を運ぶことになりました。

　Ｋ児は、テレビの内容をよく覚えていて、「おんなじ長さにするんよ」「こっちをな、そろえるんよ」と、友達に教えていました。みんなで全ての竹を並べ

ました。T児が一番端にあった短い竹を見て「これくらいでええが。この竹の長さで全部切ろう」と提案しました。それを聞きK児が倉庫から木工セットを持ってきました。そして、地面に並べたままの状態でノコギリを当て、短い竹の長さに合わせて切ろうとしました。その姿を見て、保育士は「Kくんが1つずつ長さに合わせて切っていくの大変じゃなあ。なんかいい方法ないんかな？」と問いかけると、A児が「Kくん、待って！竹に印つけたらみんなで切れるよ！！」とアイデアを出し、すぐに倉庫にペンをとりに行きました。K児が竹を動かないように押さえA児がペンで1本1本に線を書いていきました。

　全ての竹に切るところをペンで線を引きました。木工遊びの経験を生かし、切りやすいよう1人ひとりが台の上に竹を運び、ノコギリで線を切り始めました。すると、竹を1番最初に切り終えたT児が「なんか粉出てきたで！！」と声をあげました。それを聞き「ほんま？見せて？」とK児やA児。「俺のも出るかなあ？」とワクワクした思いの中で切り進めました。すると「ほんまじゃ！俺のも出た！」「わたしのも！！」と喜びの声が次々と聞かれました。すると、「みんなで集めようで」とT児がままごとコーナーからボウルを持ってきました。竹から出てきた粉が下に落ちないよう切った竹をまっすぐに持ってから、ボウルの上でひっくり返して集めていました。

　全部切り終えると、K児が竹の中心に座り、A児も後ろに乗り、そしてT児が家から作ってきていた旗（帆）を竹の間に挿し、切り落とした竹を1つ手に取り、オールに見立てて漕ぐ様をしながら遊んでいました。保育士も一緒に乗せてもらい楽しさを共有しました。しかし、

お尻が動くと竹がズレてしまいました。前回の木を使ったいかだ作りでの経験を思い出したのか、子どもたちは、「竹を紐でくくろうや」と意見を出しました。そして、太いロープを倉庫から見つけ持ってきました。留めようとしましたが子どもの力では何度くくっても竹が留まりませんでした。困った子どもたちは、4歳児の時の担任の先生がくくることが得意、上手と知っていたので「F先生にお願いしよう」と話がまとまりました。

②竹のいかだを園庭の竹プールで浮かせてみよう
参観日で竹のいかだをお披露目

　プール遊びの期間中、子どもたちの様子を保護者に見ていただくためにプール参観を実施しています。今回のプール参観では、子どもたちの発案で保護者の方に竹のいかだを見ていただくことになっていました。プール参観当日、子どもたちは、完成した竹のいかだを自分たちで運んでプールの中に入れました。保育士はすぐに手伝えるよう準備はしていました。しかし、子どもたち発信のいかだだからこそ、子どもたちで協力してプールの中にいかだを入水させることも大切だと思い見守ることにしました。子どもたちは、「そっち持って俺こっち持つから」と声を掛け合って自分たちの力でプールの中にいかだを入れていました。

　いかだをプールに入れた瞬間浮いたので、子どもたちは大喜びで「浮いたー」「浮いたなー」と歓声を上げていました。保育士も子どもの思いが叶い浮いた

ことを子どもたちと一緒に喜びました。参観の保護者からも拍手がありました。

　いよいよいかだに乗ってみることに挑戦！R児「じゃあみんなで乗ってみようや」。すると、子どもたちから「みんなで乗っても大丈夫かな？」「体重何キロ？」などの声が聞かれ始めました。保育士は、子どもたちの話し合いの中で乗る順番を決めて

いたので見守ることにしました。子どもたちなりに大きい人と小さい人と組み合わせ順番を決めることができました。

どうしたら浮くのかな？

　いざ乗ってみると、1人2人だと浮きましたが、3人から4人と乗る人数が増えると、乗る時から沈みかけてしまいました。子どもたちはいろいろ考えた結果、「よし！みんなで押そうで」「沈まんように持つわ」「俺こっち持つ」と、プールの中で声をかけながら、何とか浮くように試行錯誤し挑戦していました。しかし、少し進むとまた、後ろの方がだんだん沈み出しました。R児が「駄目じゃ」と大声で叫んであきらめようとした瞬間のことです。M児が「わかった。ペットボトルつける？」「だってペットボトルは浮くよ」と言いました。何回挑戦しても沈むいかだに、M児は必ず浮くと信じていたので、浮かないことに疑問を持ち、自分の経験から考えた発案だったと思われます。M児の言葉を聞き、保育士は、そのタイミングを逃さないように、貯めていたペットボトルを出してきました。ペットボトルを見つけた子どもたちは、「何でつける？」「ガムテープでいいが」と言い始めました。みんなの意見が一致し、ガムテープでつけることにしました。

　再度挑戦。浮くのは浮くがつける位置が良くないのか斜めに浮いていました。子どもたちは浮いたことに大喜びでしたが、子どもが乗ると沈んでしまうことに落胆の様子でした。しばらくの間、子どもたちは無言で自分なりに浮く方法を考えていました。すると、R児が「やっぱりみんなが乗りすぎるんじゃないか」「前も決めたが、人数を決める？」と提案しました。人数を決めて再挑戦しましたが、なかなかうまく浮きませんでした。そんな状況を繰り返す中で、参観をしていたお父さん（漁業従事者）が、「ペットボトルの向きや大き

121

さが違うからだ」「家に発泡スチロールの大きいのがあるから持ってきてあげるわ」と言ってくださいました。子どもたちも「なんか浮きそうじゃな」と楽しみにしている様子でした。

　後日、お父さんから話を聞いた子どもが、いかだが浮く方法を紙に描いてきてくれました、その紙を見ながらクラスで浮く方法について話し合いを重ねました。話し合いの結果、浮きの形、つけ方など子どもたちが試行錯誤し、再度、浮きをつけて、プールに入れてみましたが、位置やバランスなのか、何度もひっくり返り失敗をしました。子どもたちは、お迎えの際、案を出してくれたお父さんに「どこつけたらええ?」「ひっくり返るんよ」と困ることを話していました。するとお父さんが「発泡スチロールを、もう半分ぐらい切った方がいいんじゃないかな?」と教えてくださいました。お父さんに聞いた通り、発泡スチロールを半分に切るといとも簡単にいかだは浮きました。「浮いた!」と園庭中に子どもたちの歓声が響き渡っていました。何度も友だちと議論を交わし試行錯誤して繰り返し挑戦しただけに浮いた瞬間の喜びはひとしおでした。

③海で浮かせてみたいなあ!

　子どもたちは、プールだけでは満足できずほかの場所でも検証したいと思ったのか、「先生今度は海よな!」「そうじゃ!海で浮かばせたい」「アイアム冒険少年・脱出島じゃな」という声があがりました。そういう子どもたちの「もっとしたい!」という思いを大切にしたかったので、海でいかだを浮かせていく体験を計画することにしました。

　保育士は、事前に牛窓の海に行き危険個所はないか確認したり、安全管理について職員間で共有したりして園外保育の準備を進めていきました。

　園外保育当日、竹のいかだはプールで浮いたことで、子どもたちは海でも浮くと確信した自信満々な様子を伺うことができました。

　いざ、園バスで牛窓の海へ出発!子どもたちはバスから降りると、自分たちで竹のいかだを浜辺まで運ぼうということになり、バスから竹のいかだを降ろそうとする姿が見られました。子どもたちみんなで力を合わせ、海まで掛

け声をかけながら運びました。浜辺に到着すると「誰から乗る？」「でも、順番を決めよう」との声が聞かれ始めました。

　さあ！海へ竹のいかだを入れ、出港準備完了です。みんながいかだの周りに立つと海へ。子どもたちから「おー！先生、浮いとる」「浮いとるで〜」と、広い海に響き渡るような大歓声が聞かれました。そして、竹のいかだが海の底の砂についていないか、ゴーグルをしたＴ児が見に行ってくれました。慌てて水から出てきて「浮いとるで！大成功じゃ」と言うと、みんなが海の中で喜びの万歳をしました。子どもたちからは、「おー！いかだが勝手に動きょうるわ。誰も触ってないのに？」「？？？？」「波？」「水が流れとるから？」と自然界の不思議さに興味を持ち、科学の芽生えを感じました。実際乗ってみると少し怖そうにはしているものの、スリルを感じながら楽しんでいました。他にも発泡スチロールやペットボトルのいかだも持って行っていました。発泡スチロールやペットボトルのいかだの方が竹のいかだよりよく浮

くことも発見していました。なぜ、発泡スチロールやペットボトルのいかだの方がよく浮くのか、園に帰った子どもたちは議論したり探求したりするのではと、子どもたちの学びたいという気持ちに保育士も寄り添っていきたいと思いました。

本事例も事例2と同様、長い期間で継続して行われてきた実践事例です。

出来上がったいかだを砂場の水たまり、プール、海で浮かせてみよう、どうすれば浮くようになるのかなと工夫、思考する姿は、まさに探究心の現れだと考えます。そして、地域の海という自然環境を活用することで、子どもたちの探究したいことを実現できたのではないでしょうか。

④事例3：「園内でのいかだ作りから、**海でのいかだ遊びへ**」からみる実践へのヒント

ここでは、地域の自然を活かした保育実践を行う上でのヒントを1つ示します。

E. 遊びを通じて実験し、子どもの「やってみたい」を深めていくこと

子どもたちの姿に、「もっとこうしたい」「こうしたらもっと〜になるかも」という、やってみたいことを実現しようとする姿が見られました。その中には探求ではなく探究したいという思いがありました。これは冒険遊び場を、イギリス全土に広げたアレン・オブ・ハートウッド卿夫人が「実験を恐れるな。想像力は単純さと手を組んで進む」[6]と指摘したことにつながります。「遊び」を通じて子どもたちが、自然素材を活かしながら自身で考え、遊びを継続的に展開していくことの重要性を訴えています。また、アメリカの心理学者のピーター・グレイは、「子どもは自主的な遊びと探索を通して、自らを教育する」[7]という狩猟採集民の大人たちの一般的な考え方を紹介しています。そうして、「自立した学び手」になるというのです。これらを合わせて考えてみると、子どもたちは自然の中での遊びを通じて、自身の「やってみたい」ことを実際に行いながら、発見したり、改善点を見つけたりしながら繰り返し遊んでいく中で、関心を深める方法を体得し、自らの興味を深めたいことについて実感をもって進めることができるようになるということです。

ただし子どもによって、関心を深めていく際の深まりの進度は異なり、関心があまりないのに深めていこうとすると、それは子ども主導の遊びではなく、大人主導の活動になりかねません。保育士にとっても、この見極めに関しては子どもの様子を見ながら実験し、見出していく他ありません。

5. おわりに

　本章では、岡山県瀬戸内市あいあい保育園の地域の自然資源を活用した園庭・園外での保育実践を示してきました。

　子どもたちにとって地域は、原体験の宝庫です。あらゆる場に出かけ、自ら自然という環境に積極的に関わることで心を揺さぶられ、遊び込むことが保証されていきます。変化が激しく予測不可能な VUCA（変動性、不確実性、複雑性、曖昧性）の時代を生き抜くためにも、自然環境に身を置くことの意義が見いだされた実践だと考えられます。子どもが「自然」に育つ環境をつくるために、保育園や地域のあらゆる場で異なった属性の人間関係が繋がり支えあう場を持つ工夫が重要になってくるのではないでしょうか。

　保育園が位置する地域や状況により、自然環境の活用方法は異なります。しかしながら、自然が豊かな地域にあってもそれを取り入れる保育内容が計画されていなければ、その自然環境は生かされません。一方、自然環境に恵まれない園でも保育士が保育実践に自然体験を取り入れる工夫をすることが求められていると思います。

　なお、資料として、事例 2 のエピソード記録、月別指導計画を付けておきます。あいあい保育園では、子どもたちの心揺さぶられる活動の展開ができたかどうか、遊び込む姿に着目してエピソード記録をもとに園内研修を重ねています。

　また、あいあい保育園は、2021 年度公益財団法人ソニー教育財団主催、ソニー幼児教育支援プログラム保育実践論文に投稿し入選（奨励園）しました。同じく 2022 年度にも入選（優良園）しました。

（註）

(1) 国立教育政策研究所教育課程研究センター『幼児期から児童期への教育』ひかりのくに、2005 年、p.13

(2) 倉橋惣三『幼稚園雑草上』フレーベル館、2008 年、p.95

(3) リチャード・ルーヴ、春日井晶子訳『あなたの子どもには自然が足りない』早川書房、2006 年、pp.52-53

(4) 岡山県瀬戸内市「瀬戸内市過疎地域持続的発展計画　令和 3 年～令和 7 年度」https://www.city.setouchi.lg.jp/uploaded/attachment/111188.pdf（最終閲覧 2022 年 9 月 25 日）

(5)特定非営利活動法人日本冒険遊び場づくり協会「冒険遊び場とは」
　https://bouken-asobiba.org/play/about.html（最終閲覧 2022 年 9 月 25 日）
(6)アレン・オブ・ハートウッド卿婦人、大村虔一・大村璋子訳『都市の遊び場
　　［新装版］』鹿島出版会、2009 年、p.140
(7)ピーター・グレイ、吉田新一郎訳『遊びが学びに欠かせないわけ　自立した
　　学び手を育てる』築地書館、2018 年、p.36

謝辞

　本章執筆にあたりご協力いただいた、特定非営利活動法人あいあいの杜あい
あい保育園の田淵雅子園長先生、主任保育士田坂こころ先生をはじめ教職員の
方々、地域の方々に心よりお礼申し上げます。調査時には、地域の案内の他、
映像、エピソード記録等の資料提供等、快く対応いただきました。

　そして、何よりもあいあい保育園の子どもたちの遊びを発見する力、集中し
て生き生きと遊ぶ姿があってこそ、本章が出来上がりました。元気いっぱい、
遊びの天才の「あいあい保育園の子どもたち」に感謝し、その未来に大いに期
待しております。

　最後に、本章執筆に関わってくださった全ての方にこの場を借りて深謝いた
します。

5歳児

<背景>

ゴールデンウイーク開けの子ども達の話題で、「魚釣り行った!カサゴ釣った」と言った子どもの話しから、廃材を使って魚や釣竿作りが始まった。数日後、家でカニ釣りにハマっていたT児の「本物のカニが釣りたい」の声から遊びが続く。

月日	環境（物的・人的） 保育者の意図	遊びの様子 （下線：遊びこむ姿）	遊びこむ姿の キーワード
6月14日	(人)本物のカニを遊びに使うことについて保育者間で話し合う。色々な意見が出たが、命は大切に！という指導も必要であると考え、約束を決めて取り入れることにした。 (人)カニ釣り遊びについて保護者にも遊びの様子を伝え、カニを捕まえたら持ってきてほしいことをあらかじめお願いしておく。 (物)家から持ってきたカニを入れられるよう飼育用の大きめのタライを用意した。	ある日、T児が家で釣ったカニを保育園に持ってきた。自分で作った釣り竿で持ってきたカニを釣って遊ぶ。その次の日、①K児やR児も家から捕まえたカニを数匹持ってきて、数名で本物のカニ釣り遊びが始まった。②どんどん遊びが広がり、毎日のようにカニが増え、カニ釣り遊びが続いた。③カニのエサについても調べるようになった。	①遊びの共有 ②自ら準備 ③遊びの深まり
6月25日	(人)5月からずっと続いている釣り遊びなので、新たな目標をどうにか実現させてあげたいと思い、園長先生に相談する。園長の自宅前の川に行く計画を立てた。子どもたちの思いが実現でき、それが学びの場になればと思い準備を始めた。 (人)T児は家でのカニ釣りの経験があり、近所の方からも上手く釣れる方法を教えてもらっていたので、準備の際にはT児の知識を引き出すように問いかけ、他児にも伝わるようにした。 (物)本当にたくあんで釣れるのか半信半疑であったが、子どもたちが一生懸命なので、たくあんは保育者が用意することにして、準備が進められるようにした。	①お泊り保育の相談で「川に行って本物のカニ釣りがしたい！」との案がでる。子どもたちはカニ釣りに向けて、自分たちが作った②釣り竿をもう一度直したり作り直したりして準備を始める。「エサはどうする？」「煮干し？」「家から持ってくる」などみんなが口々に言う。保育者が「Tくんエサは煮干しだけ？」と聞くと、③T児「ちがう！近所のおばさんがカニは煮干しじゃ釣れんよって言ってた」K児「ミミズ？青虫？お父さんが青虫で魚釣ったんよ」T児か「ちがうんよ。たくあん？？…」K児「たくあんって何？」④T児は一生懸命説明するが上手く伝わらない。保育者が「大根よ。大根を漬物にしたものよ。」というと不思議そうな顔をしていた。	①新たな目的 ②修復、改善 ③経験を活かす ④相手にわかるように伝えようとする
7月5日	(人)T児を中心に作戦やポイントなど話し合えるようにクラスの会で話し合いの場をつくった。 (人)子ども達から出た意見を最終的にまとめ、ポイントをわかりやすく最後にもう一度伝える。	川にカニ釣りに行く前日の話し合いで、保育者が「カニは川のどこにいるの？」と尋ねるとT児は①「石と石の間に隠れとる」と答えた。経験しているT児を中心に、②「カニは石と石の間にいる・時々爪をのぞかせる・そーっと歩く・音を立てない・喋らない・エサを動かさない・エサをつかんだらすぐ上にあげる」など③カニ釣りのポイントがクラスで話し合われた。	①自信をもって話す ②方法を考える 友達の意見を聞く 自分の考えを話す ③みんなで決める

7月6日	㊥担任が黄色のたくあん、園長が白のたくあんを用意した。 ㊟保育者も子どもの気持ちに共感できるように一緒に釣った。 ㊟保育者も上手く釣れないことを釣れている子どもに聞くことで、尋ねる見本となるようにし、子ども同士で釣り方を教え合う姿につながるようにした。	カニ釣りスタート！しかしポイントをすっかり忘れてドタドタ走ったり、大きな声で話したりして大興奮の状況である。T児①「静かにして！カニが逃げるよ」I児「そうじゃった」とみんなで思い出す。I児「たくあんが針に刺さらない」と焦りながらも友達に手伝ってもらって②助け合いながら釣りを始めた。釣り方のポイントを思い出しながら「釣れた！1匹」「道を歩いとるよ」②「網持ってきて」と網でゲットする。喜んだり、②友達に手伝ってもらいながら、③2チーム合わせて25匹釣れた。 	①約束事の再確認 　共通理解 ②助け合う ③数量への関心
7月8日	㊟楽しかった経験を子どもも家庭で話したが、担任も様子を保護者に伝えることで、保護者も保育に関心を向けてもらったり、子どもの気持ちに共感してもらったりする効果をねらった。 ㊥いつでも手に取れるように、図鑑を図書コーナーから保育室の絵本コーナーに移した。 ㊥捕まえた場所ごとに子ども達が分類しようとしたので、飼育用の大きめのタライを種類の数だけ用意した。	次の週、海のカニ、川のカニ、溝にいた大きいカニ、小さいカニ、硬いカニ、柔らかそうなカニ、甲羅に模様のあるカニなどたくさんのカニが集まると、①T児「海のカニは赤いし甲羅が強そう」と言った。他児もカニの種類やどんなところにいるのかなど興味を持ち、②図鑑で調べた。③「カニの水が少ない」と子どもたちが気がついた。④「川のカニは川の水で、海のカニは海の水じゃないとだめよ」と川と海のカニをタライに分ける。⑤「小さいカニは食べられるから分けてあげよう」とさらに大きさで分ける。④「川のカニは柔らかいから、優しく持つんよ」とT児が持ち方の説明をした。T児、K児、H児数名がカニを持つことに⑥挑戦した。④「カニは甲羅の横を持つんよ」「そうしたら、挟まれんよ」とT児に教えてもらいながら⑥他児もこわごわ持ってみた。⑦持てると嬉しそうで誇らしげな表情を見せた。 	①発見を言葉にして伝える ②探究心 ③気づきを伝える ④知っている知識を知らせる ⑤大きさの対比 ⑥挑戦意欲 ⑦自信
7月9日	㊟子ども達が主体で考えた活動なので、当日も子ども主体で進めていけるように見守った。 ㊟楽しさや嬉しさを共感しながら言葉を添えるようにした。 ㊟命の大切さを活動の始めに約束していたので、カニ釣り遊びをした後のカニをどうするか話し合う場をつくった。	①あいあいまつりで子どもたちが計画を立てた"カニ釣り大会"を実施する。4、5歳児が4チームに分かれてカニを釣り、②5歳児が同じチームの4歳児に釣り方のポイントを教えた。③チームごとに釣ったカニの数を競い④盛り上がった。④話し合いをして、川、海それぞれの場所に返してあげることに決めた。 	①目的の実現 ②年下の友だちの世話をする ③数量への関心 ④達成感 　満足感 　命の大切さに気付く

令和3年度　5月　指導計画　5歳

行事	
5月	7日　新入園児お祝い会 10日　英語（参観日） 12日　親子遠足（中止） 13日　避難訓練 14日　食育の集い 19日　誕生日会 20日　移動図書 26日　音楽遊び（参観日） 28日　身体計測 29日　わくわく山で遊ぼう

発達の過程
自分への自信を感じながら、友だちとの関わりを深める時期

子どもの姿
『だってもん組だもん』と自分がちゃんとできたことなど進級した喜びを感じて、張り切って生活している。しかし環境の変化に少し戸惑いも見られ、保育者の声かけで動いている子どもも多く、また、友達との会話に夢中になり自分の好きな遊びを楽しむ姿がみられる。（AA児・SH児）遊びでトラブルになることも多く、自分たちで解決していこうとする姿もあり、保育者と一緒に話し合っていくようにしている。当番活動にも積極的に取り組んでいる子どもも多く、「〇チームより100セントと保育者がこいのぼり作りや作りなど声をかけるなどしてくる。メージ近いものを友達に伝え、手伝いながらイメージ近いものを作ろうとしている。

<table>
<thead>
<tr><th></th><th>領域別今月のねらい</th><th>今月おさえたい内容</th><th>環境構成（生活☆　遊び★）　・援助と配慮（生活◇　遊び◆）</th></tr>
</thead>
<tbody>
<tr>
<td rowspan="2">養護</td>
<td>**生命の保持**
◎安全な環境を作りながら一人ひとりの健康状態や体調の変化を常に気を付ける。
◎一人ひとりの子どもの活動などを把握しながら、快適な環境を作る。</td>
<td>・室温や換気など一人ひとりの健康状態に留意し、快適な環境を作る。</td>
<td>☆コロナウイルス感染予防のため、気をこまめに行い予防に努める。
☆見通しをもって生活できるように、1日の流れを絵や文字で掲示する。</td>
</tr>
<tr>
<td>**情緒の安定**
◎一人ひとりの子どもの気持ちや発想を受け止め安定したひと時を過ごし、ゆったりと安定した生活を送れるようにする。
◎コロナウイルス対応での家庭保育の明け方からの園での生活リズムを取り戻せるように配慮する。</td>
<td>・一人ひとりの発想や予想を大切にし、自分の気持ちを考えて表すことができるようにする。</td>
<td>◇一人ひとりの子どもの生活リズムが乱れている場合もあるため、園生活のリズムを大切にして、情緒が安定して過ごせるようにする。
◇コロナウイルス対応できている子など、調節等ができていない子など声をかけていく。</td>
</tr>
<tr>
<td rowspan="5">教育</td>
<td>**健　康**
◆わくわく山や自然の中でのびのびと動いてあそぶ。
・火災時の危険から避難の仕方が分かり、合図や指示に従って安全に行動しようとする。
・給食の量を調節してもらいながら、苦手なものにも挑戦する気持ちを持つ。</td>
<td>・避難訓練の避難の仕方がわかり、自分で考えて行動しようとする。
・苦手なものも量を加減してとても食べてみようとする。</td>
<td>★戸外遊びの時間を十分に確保して、友だちと関わって遊ぶ心地よさを味わえるようにする。
◆戸外の広がりやすい場所に表示しておき、安全に遊べるようにする。
◆遊具や遊びの際の約束事をクラスで話し合う時間を設ける。</td>
</tr>
<tr>
<td>**人間関係**
・生活の決まりや、あそびの中での友達と一緒に確認し話し合う。
・友だちと一緒にあそびの中で認め合ったり、友達の良いところの良いところを気付く。</td>
<td>・サッカーや野球、鬼ごっこなど友達と一緒にルールを守って遊ぶ。</td>
<td>★遊具や遊びの際の約束やクラスでの話題をとして年長児らしく考えていけるようにする。
◆自分たちのことを自分たちで決められるようにする。</td>
</tr>
<tr>
<td>**環　境**
・虫の生態や不思議、興味を見たり、振ったりして調べて楽しむ。
・生き物や夏への関心の高まりから、野菜の栽培を楽しむ。</td>
<td>・わくわく山で夏の自然物を見たり、振ったり調べたりして楽しむ。
・身近な自然物や栽培物の変化を楽しむ。</td>
<td>★山の枯れ枝や、ジュロの葉など危険な枝にあそぶように散歩コースを選んだり、成長の段階が見られるように計画して、野菜への興味を深めていく。
★時期を逃さず畑の野菜や保育者など、必要に応じて飼育ケースを準備したり、図鑑で見たり調べたりできるようにする。</td>
</tr>
<tr>
<td>**言　葉**
・友だちと考えや思いを伝え合い話し組み、活動に取り組む。
・手紙や発表など様々な遊びの中で文字や言葉に興味を持つ。</td>
<td>・自分の思いや考えを相手に分かりやすく伝える。
・文字や手紙、絵本などに親しみ、ひらがなを認める。</td>
<td>★一人ひとりが主体的に話し合えるように、子どもの気付きをほめる。
◆お互いの興味や関心を、友達同士で伝え合う時間を設けたり、子どもの様子を見守りながら、相手の思いを聞き、自分の思いを伝えて一緒に考えるようにする。
◆明日へつながる活動、友達に知らせる機会を設ける。</td>
</tr>
<tr>
<td>**表　現**
・廃材を使い、遊びに必要なものを作る。
・友だちと一緒に様々な素材を選んで使って、試したり工夫したりしながら、イメージに近づく物を作る。</td>
<td>・廃材を使って様々な材料を選んだ、活動し、イメージに近づく。</td>
<td>★子どもが自分のイメージに合った材料で物作りをすることを楽しめるように、あそびに使える材料（ダンボール、木材、廃材他）をいつでも選んで使えるように用意しておく。
◆子どもたちの試行錯誤したり、迷ったり見守り困ったときに、どう困っているのかを見て感じ取れるようにする。</td>
</tr>
<tr>
<td>歌</td>
<td colspan="2">「こいのぼり」「おたまじゃくしの学校」他</td>
<td>「どろだんごできた」「あめふりくまのこ」「まっかないちご」「キャベツの中から」他</td>
</tr>
<tr>
<td></td>
<td>絵本</td>
<td>手遊び</td>
<td>「はじまるよ」</td>
</tr>
</tbody>
</table>

令和3年度　6月　指導計画　5歳

		行事
		6月

行事（6月）

- 2日　おもちゃの病院（中止）
- 7日　英語（中止）
- 8日　歯科検診
- 10日　内科検診
- 14日　市巡回指導
- 15日　避難訓練
- 17日　移動図書（中止）
- 21日　ちま絵本（中止）
- 22日　誕生日会
- 23日　サッカー教室
- 24日　音楽遊び
- 26日　奉仕活動・プール設置・リサイクル活動（中止）
- 28日　交通指導（傘）

発達の過程	自分への自信を感じながら、友達との関わりを深める時期
子どもの姿	身の回りの整理整頓やマスクの使い方も毎日繰り返し伝えることで、子ども自身の力でできるようになってきている。遊びでは引き続きお店屋さんごっこやボードゲームなどを楽しみ、少ない人数でも「出来たよ！水ふえたどね」といわゆる約束事を言い合ったり、友達同士で声をかけあったりしている姿が見られた。また、SH児がおだやかな表情を持ち出して切れてくれたことで安定に高い方の表をみつけ、歌いながら流し場に近い方の水表をしている。また、手洗いも流し場が当番が出来る子が当番で取り組む姿が見られている。

養護・教育 指導計画

区分	領域	領域別今月のねらい	今月おさえたい内容	環境構成（生活☆・遊び★）・援助と配慮（生活○・遊び◆）
養護	生命の保持	◎梅雨期の湿気や温度調整、風通しなどに留意し、清潔で安全な環境を作る。コロナ対策を継続しながら、一人ひとりの健康的な生活について考えるようにする。	・室温や湿度調整、風通しなどに留意し、快適な環境を作る。・気温による被りを出しやすい時期なので、一人ひとりの健康状態を把握し、ゆったりと生活できるようにする。	☆コロナウイルス感染予防のため、一人ひとりの体調を把握し、手洗い、うがい、消毒を十分に行えるよう援助していく。また、玩具や室内の消毒、室内の換気を細かに行い予防に努めたり、室内の温度や湿度の保温に留意し換気をして気持ちよく過ごせるようにする。☆雨天が続き被りが出やすい時期なので、定期的に子ども（山・園庭）などで、快適に過ごせるようにする。
	情緒の安定	◎温かいクラスの雰囲気の中で、一人ひとりの子どもが保育者や友達に自分の気持ちを受け止め、自分の気持ちを考えるように話しやすく、安定した生活を送るようにする。	・一人ひとりの落ち着かない気持ちを受け止め、安心して過ごせるように、自分の考えを受けとめ、安定した生活を送れるようにする。	☆気温の変化に過ごしやすい時期を身近に準備したり、図書・絵本など身近に準備したりしておく。・一人ひとりが自覚して水分補給できるようにする。
教育	健康	◎自分のからだを大切にしたり、必要な活動（手洗い、うがい、歯磨きなど）を自分でするようにする。	・手洗いやうがい、歯磨きの仕方が分かり、丁寧に行う。	☆からだに関心を持てるようなポスター・図鑑・絵本、であらいうがいなどがしやすいような手順表などを見やすいところに置いておく。☆服装に応じて衣服の調節や水分補給をしていくことで気分よりに調節できていないかどうかに気づく。☆健康診断や歯科検診などの機会をとらえ、自分のからだを大切にする。◆絵本や紙芝居などを用いて、うがい、歯磨きの必要さを知るようにする。
	人間関係	◎生活に必要な決まりや、あそびの中で起こった問題について関心を持ち、友達と確認しながらルールを守って遊ぶ。	・ケードや鬼ごっこなどのルールを友達と確認しながら守って遊ぶ。	★雨の日の生活の仕方や交通ルール等が具体的な身につくように話し合いの場を設けたり、図で示し、一人ひとりがわかりやすいようにする。◆あそびのルールが、わかりにくい子どもについては距離感を持って見守りながら、しっくりと取り組んだり、友達同士で気持ちよく生活できるように工夫しやすいようにする。◆自分の思いや言葉で伝えたり、友だちとやりとりするなかで、保育者が子どもの様子を見ながらトラブルになりやすい友だちの発達や驚きをともに共感し、一緒に考えたりする。
	環境	◎虫や植物、夏野菜の成（生）長や変化に関心を持ち、世話をする。◎水たまりや、虹など梅雨期の自然現象に関心を持ち、調べたりする。	・虫や植物、夏野菜の成（生）長を見る。・水たまりや、虹など梅雨期の自然現象に関心を持ち、調べたりして遊ぶ。	★梅雨期の自然像や身近な虫、植物・野菜の成（生）長などに関心をもち、友だちや一人ひとりの気づきや驚きを話し合いで共感し、不思議さや大切さを感じて遊ぶ。◆色々な素材に触れ、工夫しやすい場をもつ。◆梅雨期の自然像や身近な虫、植物に気づいたの特性に気づかせ、素材に触れた気持ちや表現、信頼への反応発言を取り上げ、周りの友達をも広げていく。◆雨の中や雨上がりの園庭など水たまりや水の流れなどを見て遊んだり、様々な発見ができるようにする。
	言葉	◎生活の中で行動となる時間や、片付け活動の際に、時計に関心を持ったりする。	・時計に興味・関心を持つ。・片付け活動の際に、意識して時計を見る。	★6月10日の時の記念日について子ども達に視覚的に伝わりやすく伝え、時刻に関心を持てるように一日の時計を大事にして遊んでいく。◆自分だけの時計を作る中で、数字に興味を持ったり自分なりに取り組めるようにする。◆片づけの時間に時計を意識し、自信を持って取り組めるようにする。★生活の中で時間を考えながら、時間を意識した保育者がそばに知らせるのではなく、時間を考えた声かけやヒントを伝えることで、子ども自らが気づいて行動出来るようにする。
	表現	◎友達と一緒にさまざまな音色を使って、音やリズムを楽しんで体を動かしたりする。◎目的を持ち、遊びに必要なものを試行錯誤しながら自分で作る。	・歌やリズムに合わせ、楽器を叩いたり体を動かしたりして楽しむ。・目的を持ち、遊びに必要なものを試行錯誤しながら自分で作る。	★あそびに必要と思われる、材料（ダンボール、木材、廃材他）をいつでも選んで使えるように用意しておく。★子どもたちが好きな歌をCDに入れておき、自分たちでつくって楽しむ。★友だちと一緒にさまざまな素材を使って、音やリズムを作って楽しめるようにする。★目的に向かって、工夫や気持ちを共感しながら、描いたり作ったり、出来上がった時の喜びを共感し楽しさや面白さを味わえるようにする。
歌		「あめふりくまのこ」「めだかの学校」「たなばたさま」「かたつむり」「あめふり」「おくりもの」「あっぱれ！テレテレモモ」	手遊び	「1と1をあわせると」「3匹のぶた」「1匹おばけ」
			絵本	

130

令和3年度 7・8月 指導計画 5歳

発達の過程　自分への自信を感じながら、友達との関わりを深める時期

行事

	7月	8月
	1日 県発達支援訪問　14日 移動図書 7日 七夕会（各クラス）　15日 食育の集い 9・10日 お泊り保育　20日 誕生日会 12日 英語　27日 身体測定 13日 避難訓練　29日 音楽指導	4日 おもちゃの病院　20日 プール納めお楽しみ会 6日 分館連絡会　23日 ちま当絵本 11日 避難訓練　24日 誕生日会 13・14日 お盆未満児保育　25日 サッカー教室 16日 英語・市函回図指導②　26日 音楽遊び 17日 分館裁縫　29日 身体計測 19日 移動図書

子どもの姿

朝の遊びでは、休みの日に家でカブト釣りをしようとする時期になるように工夫しながら保育していく。また、ままごとやお絵かき・制作コーナーを組み合わせてイメージを広げていく。

養護

- 室温の調整や湿度を配慮し、快適に過ごせるようにする。
- 熱中症対策やプール指導に注意を払うようにする。
- 夏の暑さにふれ心身の健康を楽しみ、情緒の安定を図るようにする。

教育

健康

- 日常の過ごし方を理解し、自分からしようとする。
- 水分補給やうがいの必要性を知り、自分の体を守ろうとする。
- プール遊びでのルールや約束を守って安全に過ごす。

人間関係

- 友達に思いや考えを伝え、その考えを取り入れながら一緒に遊びを進めていく。
- 水やりをした夏野菜を収穫し、喜びを感じることができる。

環境

- 遊びの中で、自分の思いや考えを友達に伝える。
- 七夕の由来や言葉、星座の名前などを知る。
- 夏の虫、夏野菜、シャボン玉などに興味を持ち、調べたり遊んだりする。

言葉

- 絵本の具体的な特長を生かしながら遊びを深める。

表現

- 水遊びやシャボン玉、泥、ジャボ玉、石鹸遊びを一緒に楽しむ。

家庭との連携

- 暑くなってきたので、衣服の調整や水分補給、食事について家庭と連絡を取り合う。

歌

たなばた・ぼくのミックスジュース・アイスクリーム・南の島のハメハメハ大王

131

第 5 章　笑顔は宝物
～サマーキャンプ in SENSUIJIMA～

はじめに～自然体験活動の概要～

　一般社団法人津山青年会議所（以下 JC と呼ぶ）は、青少年健全育成事業として、小学生を対象に毎年サマーキャンプを開催しています。(1) この子どもたちの自然体験活動へ、将来保育士を目指す幼児教育学科の学生たちと私が共に携わったことについて紹介し、自然環境を園内や園庭の保育へ生かすヒントを考えてみたいと思います。

　事業の目的は、「これからの未来を担う子どもたちが、日常とは違った環境での集団行動を通じて協調性を育み、共同作業を通じ達成感、他人への感謝の心を感じるなかで、人と笑顔で接し深くふれあうことの大切さやお互いに助け合うことの大切さを学び、人のために役立つことができる思いやりの心を持った人材になること」(2) としています。

　事　業　名：笑顔は宝物～サマーキャンプ in SENSUIJIMA～

　実施日時　：2012（平成 24）年 8 月 18 日（土）、24 日（金）～26 日（日）

　　　　　　　※8 月 18 日は、団結式が行われました。

　実施場所　：津山市コミュニティセンター「あいあい」（団結式）

　　　　　　　仙酔島キャンプ場

　参加人数　：106 名（小学校 4,5,6 年生 49 名、津山青年会議所会員 47 名、

　　　　　　　笑顔サポーター8 名、津山市教育相談センター鶴山塾長、美作

　　　　　　　大学短期大学部准教授　居原田洋子）

　　　　　　　※笑顔サポーター8 名が美作大学短期大学部幼児教育学科の

　　　　　　　学生です。

1. 仙酔島（せんすいじま・広島県福山市）の自然環境

　仙酔島は、「仙人が酔うほどの美しいという自然の風景」(3) があるというのが由来です。広島県福山市・鞆の浦から市営渡船に乗り、0.3 km にある島で、「昭和 9 年に全国で最初に指定された国立公園である瀬戸内海国立公園内にあり、その中でも最初の指定地が、鞆の浦や仙酔島」(4) です。仙酔島は、無人島ですが、当時は、国民宿舎がありました。{2021（令和 3）年 3 月に営業を終了}『新

版［日本の島ガイド］SHIMADAS（シマダス）』(2019)によると、「日本で唯一こ
こにしかない五色岩があり、青・赤・黄・白・黒の5色の岩が海岸に延々と1
kmに渡って続く」「最高点は島の中央にある159mの大弥山（しま山100選）で、
シイ・ウバメガシなどの常緑広葉樹に覆われている。山頂の大弥山展望台から
は弁天島、鞆の浦が一望できる」[5]と記されています。

　この豊かな自然環境から、子どもたちに経験してほしいことがイメージでき
ます。登山、ネイチャーゲーム、海水浴、ハイキング、様々なプランが思い浮
かびます。

2. キャンプのスケジュールと内容と特徴

　以下は、子どもを中心とした活動のスケジュールを示していますが、主催者
の JC スタッフが立案されたスタッフ対応向けのキャンプスケジュールでは、
起床「自主性」、キャンプファイヤー「連帯感・達成感」、海ほたる「生きる力・
感動」など1つひとつの項目に目的が記してあります。また、それぞれの項目
毎に準備物や責任者氏名、必要動員数の配置、備考には注意点が記入されてお
り、団結式と3日間を想定したスタッフが動く内容が綿密に立案されています。

8月18日（土）「団結式」　スケジュール⁽⁶⁾

8月18日（土）「団結式」　スケジュール[6]

　　　―事前説明会、親睦、保護者説明会―

時間	内容
9:30	受付
9:45	挨拶・説明
9:55	自己紹介・名札作り
10:15	ふれあいタイム
11:15	トイレ休憩
11:25	班長選出・班名、班旗・帽子つくり
12:25	昼食
13:25	キャンプ場での内容と注意点
13:55	カンテラ作り
14:55	テーマソングの練習
15:10	閉会挨拶
15:15	終了

　団結式では、子どもと保護者が一緒に参加して説明を聞くことで、キャンプの主旨や心構えを共通理解し、守るべきルールや、期待される役割や行動などが理解でき、持ち物を一緒に確かめながら準備することもできます。名札や班の旗作りのグループ活動を通して、グループの結束を図ることができ、事前にグループが発表されることは、当日をスムーズに迎えることができます。さらに、キャンプで使用するカンテラ（手提げランプ）を作ることは、1週間後に参加するキャンプに期待を持つこともできます。

8月24日（金）キャンプ1日目　スケジュール

時間	内容
8:30	集合
8:50	あいさつ
9:00	バス乗車
9:15	笑顔サポータータイム
10:00	トイレ休憩

10:15	学の夏休み
11:30	渡し船乗船
11:50	仙酔島キャンプ場へ
12:00	説明
12:30	昼食
13:15	my はし・my スプーン
15:15	夕食作り
17:15	夕食
18:15	片付け
18:45	テーマソングの練習
19:30	ナイトウオーキング
21:00	風呂
21:45	さざ波班会議
22:00	就寝準備
22:15	就寝

　竹を使って、箸とスプーンを作り、ナイフややすりを使い、創意工夫をすることや達成感を味わうことができました。また、てこの原理を使って、缶詰をスプーン1本で開ける方法を私が実演し、子どもたちにも実践してもらい、スプーンが他にも役に立つ用途を伝え、固定観念を持たずに、柔らかい発想ができることを期待しました。缶詰の果物とソーダを混ぜて、フルーツポンチを作り、夕食のデザートとなりました。子どもたちのスケジュールが十分満足できる時間を保障するために、準備と片付けには比較的時間を要しないメニューを提案しました。

　キャンプでは、「肝試し」（その地方にまつわる怖い話を聞いた後、暗い夜道を歩いて戻ってくる）を実施することが定番ですが、次の日に、ハイキングやネイチャーゲーム[7]をする場所の夜の別世界を知るために、ナイトウォークを提案しました。子どもたちは団結式時に作成した手作りのカンテラを持って歩きました。

　さざ波班会議では、1日の終わりを各グループで反省をし、班ごとに発表をしました。全体会議（ＪＣ、学生、筆者）では、1日の反省と評価をしました。

本日の反省と明日への課題について、子どもたちの成長や課題について情報共有しました。

8月25日（土）キャンプ2日目　スケジュール

時間	内容
7:00	起床
7:30	朝の挨拶・体操
7:40	スケジュール説明
7:50	朝食及び片付け
8:30	ネイチャーゲーム
9:30	海水浴及び砂アート
11:30	シャワー
12:00	昼食作り・昼食
13:30	親へのプレゼント
15:30	夕食作り・夕食
18:30	片付け
19:00	キャンプファイヤー
20:30	海ほたる
21:00	風呂
21:45	さざ波班会議
22:20	就寝準備
22:35	就寝

　ネイチャーゲームとキャンプファイヤー第2部のレクリエーションゲームを私が担当しました。ネイチャーゲームは、「自然界のすばらしさその静けさと美しさ、そのエネルギーと雄大さ、その神秘と不思議さ、に対し、私たちが自らの感受性を澄ませ、いわば共鳴させるようなゲームです。」[8] そこでは、目で見て、耳を澄ませ、匂いをかぎ、大自然の中でじかに体験できます。

　仙酔島の自然の中で、目をつぶって「音いくつ」、「色いくつ」[9] を実施しました。また、島の自然物に興味を持つことができるように、仙人ヶ丘コース（標

136

高 68m）を歩き、探すことができたら、そのカードにシールを貼り確認ができる自然物を探すためのカードを用意しました。植物や小動物、岩石などに興味をかきたてられる遊びでした。

　キャンプファイヤーは、キャンプに対する願いを象徴的にキャンパーに体験させるキャンプの代表的プログラムです。「キャンパーとキャンプの願いを浮きあがらせる光として活用し、キャンプ生活で流した汗と手にした歌やゲームや感動をより感動的にたばねる場」(10)であると言われています。グループ対抗のゲームを実施し、親睦をさらに深めます。

　園庭や園外など、保育者が子どもたちを集める時は、子どもたちが太陽の光りがまぶしくないように保育者の立ち位置を決めることがあります。キャンプファイヤーでは、営火長(11)が真北に位置することになっています。これは、「北極星が旅人の指針をつとめたことから、変わらない指導者の象徴としているため」(12)です。キャンプファイヤーでは、火を囲みシングルサークルになります。それは、暗闇でも中心に火があることから、お互いの笑顔が明るく輝いて見えるからです。保育の場面で、お帰りの時間は、保育者対子どもたちが馬蹄形になります。特に帰りの時間は、絵本の読み聞かせ、今日の振り返り、明日への期待がもてるように子どもたちが保育者の話を聞くことも大事ですが、1日の保育の終わりに友だち同士みんなの顔がみえるシングルサークルの座り方も時にはよいのかもしれません。サークルの中に保育者も入るのは、子どもも保育者も今日の1日、同じ時を過ごした同士でもあるからです。

　キャンプファイヤーの余韻を残して、夜の自然を更に見つけるために、海ほたるを海岸に見にいきました。ほたるの光、波の音、自然の香りを感じることができました。

8月26日（日）キャンプ3日目　スケジュール

時間	内容
6:30	起床
7:00	朝の挨拶・体操
7:10	スケジュール説明
7:15	朝食及び片付け
7:45	荷物準備と掃除
8:15	渡し船乗船
8:35	バス乗車
11:35	保護者に挨拶
11:50	昼食
12:50	保護者へ笑顔ボードのプレゼント
13:30	映画上映
13:40	解散

　仙酔島でのキャンプを終え、市営船やバスに乗車し、保護者が待つ津山コミュニティセンター「あいあい」を目指します。保護者が作ってくれたお弁当を一緒にいただきます。子どもたちが笑顔ボードをプレゼントします。笑顔ボードは、2日目のクラフトの時間に作成しました。Ａ４サイズくらいの板に仙酔島の島の形が描かれており、JCスタッフが用意された手作りの板です。木の加工はその職に従事されている方がスタッフさんの中にいらっしゃるのだと思います。保護者への感謝の気持ちをボードに書き、本来なら、色紙やビーズを貼ったりし煌びやかに完成させますが、仙人ヶ丘コースへネイチャーゲームをしながら歩き、山道で拾った木や葉や、海水浴や砂アートの時に拾った貝殻をボートに付けて装飾しました。月日を重ねても自分で拾って作成した海と山の自然物を見ると、仙酔島での体験を思い出すことができることでしょう。

3. 島での造形体験

【myはし・myスプーン作り】

　食事の時に必要なはしとスプーンを、竹を素材に作ります。彫刻刀やナイフを使います。何気なく毎日使用している用品の存在は、生活に便利な道具であ

138

ることに改めて気付くことができます。3 食に欠かせない生活道具です。苦労して作った世界に1つだけの my はし・my スプーンは、食事の時間が楽しみです。

　身近な自然物を使って、生活に必要なものを作ることがねらいで、自然物に興味・関心を深め、考えたり、工夫したりして作ることを経験してほしいと思いました。

　学生たちは、1人ひとりの子どものイメージを大切にし、集中して作ることができるようにしました。出来上った作品をグループで見せ合ったり、感想を言い合い、友だち同士のよいところに気づくことができるように援助しました。また、ケガに気をつけて安全に作ることができるように落ち着いた雰囲気となるように配慮をしました。

竹をナイフで削りながら、先をとがらせていきます。何度も何度もくり返し、やすりをかけて、表面が口当たりよく、自分が持ちやすい形に仕上げていきました。

はしとスプーンが完成しました。個性を発揮することができました。

【保護者へのプレゼント作り「笑顔ボード」】
　板のボードに感謝の気持ちをマジックで書きます。山や海で探した小枝や木の実、貝殻等の素材をボンドで貼り付け装飾をします。自然物を使ってのメッセージ入りのプレゼントを作ります。
　キャンプでは活動場所にあるモノを拾って、木のコースターを作ったり、ひ

もを付けてペンダントを作ったりする
クラフトをします。他にも画用紙と色
鉛筆などの筆記用具を準備してお気に
入りの自然の風景をスケッチしたりも
します。その時に、鳥のさえずりや波の
音や光や風を感じて、声や音や光や風
等を言葉で表現したり、音や光を色や
形で表現しスケッチを残すこともよい
と思います。きれいに描くことを優先

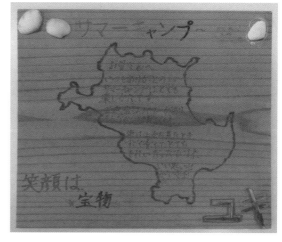

にしないで、声や音、光や風も意識して、感じてほしいと思います。

　キャンプ体験を通して、保護者へ感謝の気持ちを伝えることがねらいで、自分の思いを言葉や自然物で表現することを経験してほしいと思いました。

　学生たちは、工夫している点をほめ、創作意欲が持てるように声をかけました。イメージが湧かない子どもに対しては、いっしょに考え、自分でできるように援助しました。また、子どもたちの創作意欲に十分満足できるように予め自然物を用意しておきました。

4. 食体験

　食事づくりは、グループで創意工夫をしながら料理を作り、みんなで食べることに喜びをもつことができるようにすることがねらいです。子どもたちが、食と身体の関係について知ったり、食べ物に対して、感謝の気持ちをもつことができるようにする経験をしてほしいと思いました。調理器具を使用する時の留意点を説明し、衛生面、安全面には十分気をつけるように配慮したり、調理ができたグループより配膳をし、楽しい雰囲気で食べることができるように援助したり、事前のアレルギー調査により、食物アレルギーについては適切に個別対応をしました。

【朝食について】

　キャンプでは、朝から飯ごう炊飯をしたり、お味噌汁を作ったりもしますが、午前中の活動の時間を大切にするために、短時間で調理ができるものを提案しました。パンの中にキャベツの千切りとウインナーをはさみ、味をつけて、アルミホイルに包み、炭火の網の上で焼き、火を通します。2本食べれば十分で

す。火起こしや野菜の千切りは JC スタッフが担いました。キャンプの行程を全て自炊をしなくてもよく、一日のスケジュールも考え、朝の子どもたちは寝起きで集中力の低下もあり、ケガにつながることもあるため、子どもの身体を優先に考えます。

【昼食について】

　昼食は、午前中の活動が終わり疲労もあり、午後からの活動の時間を十分確保するためにも、スタッフ側が作ってもかまいません。3 食子どもたちが作らなくてはいけないわけでもないことを提案しました。流しそうめんや、漁師鍋など JC スタッフが、メニューを考案し、子どもだけでは作ることができないダイナミックな昼食となり、漁師鍋はおかわりに行列ができました。

【夕食について】

　キャンプの 1 日目の夜は、カレーライスをメニューにすることが定番ですが、カレーライスは煮込むのに時間がかかり、夜の時間を奪います。また当時、「地球にやさしいキャンプ」という言葉がはやっていました。カレー鍋を洗う時、普段より多くの洗剤を要し、洗剤を流すことも気になります。また、子どもたちはとても大好きなメニューで疲れた身体も要求し、おかわりをはりきってして、夜、胃がもたれて眠れないこともあります。シチューにとどめておくか、または、カレーライスは、キャンプの最初ではなく、疲れも蓄積され、食欲が低下する最終日の昼食がよいのではないかと思います。ある海事研修施設の最終日の昼食に「おわカレー」と命名して、カレーライスをメニューにしているのは理に適っていると思いました。

　そこで、夕食の 1 日は、バーベキューを提案しました。準備は、野菜を切るだけです。グループ内で野菜を切る人と、火起こしをする人に分けます。大半は前者は女子、後者は男子が担います。（役割分担は自由です。）バーベキューは、下ごしらえに時間がかからず、しかも焼きながらみんながいっしょに食べることができ、夜の親睦の最良の時間となります。作りながら食べることができ、時間の短縮や作ることが作業とはならず、楽しむことができます。何よりも、夕食のお肉料理は子どもにとっても最高のメニューです。野外活動は、保護者から離れて我慢とか規律等を習得するために参加する風潮があるならば、それは間違いです。食は楽しく、園での給食の時間や家族の団らんの時間を持

つことと同じです。

　また、夕食のメニューですが、じゃんけんをして、肉や野菜の食材を勝ち取り、そこからできるメニューをグループで考えて作り、料理コンテストをしても面白いと思います。「早くつくれて栄養のあるもの」「みんながつつきあって食べるもの」「便秘の予防に生野菜と果物はできるだけ多く」[13]がキャンプ料理の楽しい会食のポイントとなりそうです。

　他にも山で摘んできた山菜、川での川魚を獲り調理したり、豆腐やこんにゃくを作ったり、1泊2日で水とバナナ1本だけで生活し、渇きを体験するキャンプ、これは、空腹が最大の料理となるのでしょう。また、牛1頭の肉を持ち込み、ステーキを満腹にいただく豪華なキャンプを開催する達人もいます。

5.（一社）津山青年会議所と美作大学短期大学部との協働
(1)美作大学短期大学部の対応

　事業の開催にあたり、事前の保護者向けの講演や当日のキャンプの講師やサポートだけではなく、企画の段階から携わったことが協働の特徴です。JCのまちづくり委員会有本委員長からのプログラムの内容とその事業のねらいの相談に応じました。JCスタッフ内で検討が施され、全てが私の提案通りのプログラムではなく、JCスタッフのこれまでの豊富なキャンプ指導が多彩に盛り込まれたプログラムが完成しました。私が提案した内容もいざ実行してみると子どもたちには沿わないものもありました。

　昼間に定番のハイキングですが、夜間に実施する、ナイトウォークを提案しました。夜の生き物、虫の声、音など、また暗いため敏感に身体も反応し、歩いている靴の音も聞こえてきて、また足の裏も敏感に大地のでこぼこを感じることができるからです。ナイトウォークに必要なのがカンテラ（ライト）です。私の提案では、缶詰の開封側を取り除いて、ろうそくを入れて灯します。ろうそくは缶の内側に1滴たらし、そこにろうそくを立てると固まります。缶に穴を開けて針金を通して、取っ手を作ります。火を灯すと缶の内側の金色に反射して明るさが増します。ところが、JCスタッフ案は、素材が缶詰の缶からペットボトルに変わっていました。ペットボトルのカンテラ作りでは、ペットボトルの透明の部分にマジックで自由に絵を描いていました。子でもたちがそれぞれに個性豊かなカラフルなカンテラができていました。子どもたちが描く創作意欲がかき立てられ見栄えもよいものでした。しかし、いざ夜になって山道を

歩くと、絵で光がさえぎられて、光が弱くカンテラの用途に足りませんでした。光の強度に重きをおくか、装飾する絵を描くことに重きをおくか、提案だけに終わるのではなく、対話を重ねるべきであったと反省をしました。山の中の動物を探すのかどうかでも光の調整が必要となります。もし、動物たちに気づかれたくなかったら、懐中電灯のレンズを赤いフィルターでおおいます。「動物には赤い光は見えないからです。」⁽¹⁴⁾

　私は、学生時代ワンダーフォーゲル部に所属し、県内外の山々を始め、沢登りをしたり、雪山に登ったりする、今でいう山ガールでした。大学１年生の夏に北アルプスも縦走しました。数日間テント生活をし、先輩３人と寝食を共にしました。燕岳登山口から出発して、槍ヶ岳（3180m）、奥穂高（3190m）などを登頂し、自然の雄大さも感じました。身体と食事の関係や、安全確保について身をもって体験しました。山の中では、雪崩や熊の存在など危険なことが多く、自然への畏敬の念も抱くことはできたのですが、恐怖の体験も数多くあり、野外での自然活動には臆病になりました。現在、コロナ渦で検討して決断しないといけない日々ですが、この臆病になることは、危険から身を守ることにつながり、私の生活や仕事に役立ち、決定する時の基準にもなっています。学生時代の自然体験は人生を教えてくれる師であるとそのとき思いました。

　プログラムの作成時の打ち合わせでは、教育者の立場より、キャンプの項目ごとに子どもたちに育って欲しいことやねらいなどを説明しました。また、事前の保護者説明会では、キャンプ参加のための体調管理について話をし、事前の体調のチェック、野外で過ごすための服装などについても保護者へ協力をお願いしました。

　その間、学生たちは各グループに入り、子ども同士が親睦を深めるためのゲームに一緒に参加したり、キャンプの準備のための造形活動を指導する JC スタッフのサポート役を勤めました。

　学生たちは、キャンプの３日間は、子どもたちに直接関わる存在で、子どもたちといっしょに楽しみ、子どもたちの行動や思いをありのままに認め、大人のスタッフと子どもの心のギャップを埋める貴重な存在を担いました。

　また、学生たちは、終日の夜に行われる全体の反省会で、子どもたちの１日の姿を捉えて、子どもたちが習得した内容や成長した様子、実践した子どもたちへの援助の方法をグループ毎に発言しました。１人ひとりの子どもの心を受け止め、応答的なやり取りを重ねながら、信頼関係を築くことを通して、温か

い心の通った集団になっていく過程や衛生や安全を確認しながら、環境を確保して全員で取り組む責任を JC スタッフと共に学びました。

　JC まちづくり委員会委員長有本紳介氏は、「他団体と協力いただき事業を行うことは、個々の専門的な知識や経験を活用でき、お互いが成長し、今後協力し合える機会になります。次年度以降も他団体の方に協力していただくことは非常に参考になりますので是非行ってください」と次年度への引き継ぎ事項の報告がありました。

　子どもたちの様子をスタッフ全体で共有できたり、明日のグループ活動への課題を JC スタッフと考え、子どもたちと受容的・応答的に関わることができる保育を学んでいる学生の存在は、来年度の JC スタッフのキャンプに向けての一助となりました。

　お互いそれぞれの事業の目的を達成するために、対等な関係で、相互に理解し合い、そのためにはお互いに補完しあいながら、協働していく過程は、お互いの信頼関係を構築することだということもわかりました。

　このようなイベントを実施するにあたっては、やはり様々な立場の人が関わるメリットが大きいと確認されたように思います。

　当時幼児教育学科のまだ 1 年生の学生で、しかも児童期の子どもたちとの関わりであったため、最初は、関わることについては苦労したようですが、受容的・応答的な関わりによって、子どもとの信頼関係を築き、子どもが相談してくれるようになり、それを援助していくと子どもたちが成長していく姿を間近で見ることもできたと感想を述べていました。

　このように学生スタッフとしての役割を果たすことができ、JCへ協力ができたのではないかと思います。

　学生にとっては、1 日を一緒に過ごした子どもの姿を自分の言葉でまとめて話す力や助言を受けて明日へ活かして行く過程を経験し、自己を評価することで、子どもを多角的に理解できるようになり、スケジュールにより実行し、活動を振り返り、次の日はスタッフ全員で課題に向かって実践するという展開を経験することができました。また保育園では、施設長・保育士・栄養士・調理員・看護師、そして保護者が組織の一員として共通理解を図りながら保育を営んでいきます。それと同じように学生たちは、このキャンプを通して、それぞれの職種の専門性を生かして取り組む対策や配慮を間近で見ることができ、両者はお互い助けあって、同じ目標に向かって子どもたちの支援にあたりました。

(2) JCスタッフの対応

【安全確保】

　昼間は、看護師が常駐します。夜は最終の船で本土へ帰るため、夜間に看護師は不在となります。外部の行事の時など総合病院に問い合わせると看護師を派遣していただけます。夜間、病人が出る場合には、緊急対応をすることになります。子どもは行事に参加したいため、昼間はがまんし体調の悪さを大人には言わず、夜に訴えるケースがあります。昼間に表情やしぐさをしっかり観察して、体調の変化は昼間に対応するように心掛けることが大事です。

　1日屋外での活動が中心となるので、常時巡回をし、熱中症予防には十分に気をつけて、子どもの表情や話す言葉にも耳を澄ませ、平常時と異変がないか十分気をつけます。早めに声かけをし、室内で身体を休ませるようにします。

【夜警について】

　JCスタッフが時間を決めて巡回します。子どもの就寝時間の22時から、翌朝7時まで、約2時間ごとに夜警を交替して、テントサイトへの見守りや、事前に保護者から伺っている、例えばトイレに起こさないといけない児童の配慮等に努めます。本部に詰めて緊急時に備えます。

【全体会議について】

　JCスタッフ、学生、私が参加する全体会議を開催します。本日の日程についての反省と明日の打ち合わせをします。すぐ改善できることと来年への反省となるものと分けて考えていきます。

【情報発信について】

　子どもたちの1日の様子は、津山青年会議所ホームページに公開され、保護者限定で情報発信をします。子どもが親から離れて不安感や淋しいと感じるのは親も同じ気持ちです。このような細やかな配慮は安心と信頼につながります。なお、現在では、インスタグラムでリアルタイムに保護者へ配信されています。

【保護者向け講演Ⅱ】

　3日目、昼食の手作り弁当を持参し参加した保護者は、子どもたちが現地より帰ってくるまで、津山市教育相談センター鶴山塾長土居勇人氏による「子ど

もが笑顔になり、思いやりの心を持つための親の役割とは」と題した講演を拝聴し、その後、ディスカッションが行われました。そのファシリテーターもJCスタッフが担い、子どもの心身の育成と共に保護者の子育て支援の取組みが進められました。

【お楽しみ】

キャンプファイヤー（通常は、1部は儀式、2部は交流・親睦、3部は決意の構成）の1部に、仙酔島にある青・赤・黄・白・黒の5色の岩にちなんで、5色の服をそれぞれにまとい、5人の戦隊が颯爽と登場し、トーチを持ってグループの代表の子どもたちと一緒に火の神の前にてパフォーマンスをしました。昼食後の休憩時には、海の小島から泳いで陸にあがってきた5人の戦隊のヒーローショーを子どもと大人が一緒になって、大地に座り眺めました。笑いころげる場面もあり、ゆっくりと流れる時間を過ごすことができました。大人のパフォーマンスは時に子どもたちに刺激と変化をもたらしてくれます。

【保護者アンケート】

事前アンケートでは、体験型宿泊事業で、日常とは違った環境のため、子どもの持病や日頃の様子を記入してもらい、特別な支援が必要な子どもを確認し、当日の対応に備えました。アンケート項目に、新たに食物アレルギーの追加を提案しました。最近は、お刺身などの生ものを食べることが出来なかったり、焼き魚が苦手な子どももいます。予め保護者に食事のメニューを配布して意見を伺うこともよいと思います。また、アナフィラキシーショックへの対応など、ケガや病気の応急処置方法などの訓練も必要となるでしょう。

他にも JCスタッフの対応や雨の日のスケジュールの立案もありましたが、以上のように、専門性を認識し合い、共通の目的を目指し達成するために尊重し合い、協力していきました。また、JCスタッフが持つ見事な組織風土や30年を超える将来を担う人材育成を目指した子どもたちのキャンプ経験の実績と事業報告の伝承があってこそできる素晴らしい取り組みであるといえます。

当時の有本委員長は、反省会の中で、「友だちと集団行動をする中で、互いに相手の存在を大切にし、自然と話をするようになり、みんなで一緒に協力し、助け合うことで感謝の気持ちになり、『ありがとう』という言葉が頻繁に聞ける

ようになりました」と事業の目的が達成されたと感想を述べています。

「日常生活圏から距離的にも心情的にも離れ、あえて不便な生活環境である自然の中で入っての」(15) 無人島での生活でした。3日間の共同生活を一緒に乗り越え生活し、真正面から対峙した関わりは、日々の保育と同じです。

子ども自身が興味を持ったことに価値があると見出すことができると、ネットやゲームだけに価値をおかず、戸外の体験にも価値あることを知り、他にも価値あるものがあることに気づくことができるでしょう。そして、将来にも夢が持てるようになるかもしれません。キャンプのプログラムの中の「さざ波班の反省会」での振り返りは、自分を見つめる、そして、他人に自分の意見を言う貴重な体験であったと思います。子どもたちの心の成長は、キャンプの初日と帰る日の子どもたちの表情や言動から、情緒的ではありますが、汲み取れました。

6. 保育学生がキャンプに参加して

【保育学生が当時を振り返って思うこと】

当時、キャンプに参加した学生 A は、保育園に勤めて 10 年目を迎えています。現在岡山県 T 市の保育園で年長児の担任をしています。また、1 年間公立保育園で勤務し、今は幼児教育関連の事務職に就いており、5 歳と 6 歳の母親の B の 2 人が、仙酔島でのサマーキャンプで体験したことを、次のように思いを馳せてくれました。

○当時のキャンプの子どもたちとの関わりの中で自然環境の中での感動体験を振り返って思うことは？

A：子どもや青年会議所の方と料理をしたり、自分たちで作った箸で流れるそうめんを食べたりしたことです。

　　自然の中での生活の中で一番感動したのは、夜中に光る海ほたるを見たことでした。

B：大人になるとなかなか気づかないこと、見逃してしまうことに気づく子どもたちに感動しました。また、短い時間ではありましたが、初日と最終日では、子どもたちの成長が感じられました。

　　大人になって改めて自然と触れ合うことができ、また初めての経験（海ほたる、ナイトウォークなど）ができ、自分の中でもとても良い思い出となっ

ています。

○子どもたちから学んだこと、気づいたこと、発見したことは？

A：子どもと関わる際、お互いに緊張していたので仲介に入ってくれる大人の存在は大切であったと思いました。

　最初は緊張していた子ども、好きな話題の共通点を持つと自然と会話が弾み、少しずつ緊張が解けていけたと感じました。

　子どもと楽しむだけでなく、友だち関係を把握したり、どのようなタイプの子どもなのか観察したりすることが大切であると感じました。

　すべての子どもが好意的ではないので、無理のない距離感でいることが大事だと気づきました。

B：小学生の子どもたちは、当時学んでいた乳幼児と比べるとどこまで手伝ってよいのかわかりませんでした。しかし、様子をみていると、お互いに協力したり、できないことは大人に助けを求めたりすることができていました。全て大人が取り仕切ってしまうのではなく、ある程度道筋を示して、様子を見る、子どもに任せてみることで大きく成長することに気づくことができました。

【保育士を目指す学生さんへ〜現場からのメッセージ〜】

○自然体験、子どもたちと関わったこの事業に参加して、今の保育につながっていることは？

A：子どもと一緒に思いきり楽しみ、友だち関係の様子を観察したり、子どもとの距離の取り方（無理に縮めないこと）を学ぶことができ、子どもが自然の中で発見することや、自分でやり遂げたという達成感を味わうことです。

B：子どもの様子を見守りながら、任せてみることで大きく成長することや、様々なタイプの子どもがいる中で、保育者がどのような仲介が必要なのか考えることが大事であると思いました。また、子どもと一緒に自然に触れ合うことで、一緒に感動したり、不思議に思ったことを考えたりすることで、また新たな発見を得ることができました。

○自然環境について、現在の保育の中で園の保育室内、園庭、園外保育、家庭で大事にしていることは？

A：子どもたちと同じ目線で楽しむことや発見したことを受容し、自分たちで発見している様子を見守ることが大事であると思いました。また、子どもたちの安全を確保することを学びました。

B：自然とふれあう際に、感動や疑問を共有したり、疑問を疑問のまま終わらせず、調べて学び、知識に繋げることが大事であると思いました。また、子どもたちが楽しめるよう見守りながら、どのように行動すれば安全が確保できるのか考え、万が一の際の備えについても事前に準備しておく必要があることを学びました。

○自然環境、地域環境で子どもたちに育てたいと思うことは？

A：神社や田んぼ、広場が近くにあるため、生き物や植物を実際に観察することができます。観察をして、自分で発見したという満足感や達成感を味わい、そのことを保育者や友だちと共有し、楽しむことで人間関係が育めたらと思います。

　また、野菜や花を育てることを通して、どのように生長するか関心をもつことや育てるための責任を意識できたらと思います。植えるための手伝いや、草抜きや毎日の水やりなどの世話などを行い、自分たちで大きくしたという達成感を味わい、収穫した際、苦手な野菜でも自分が育てたものだから頑張って食べようとする挑戦も大切にしたいです。

　日本でしかない、春夏秋冬のそれぞれの季節の遊びを楽しみ、自然に親しんでほしいです。また、その季節の行事に参加し、昔ながらの文化や由来も知ってほしいです。

B：自然と触れ合う中で、なぜ飛行機雲ができるのか、なぜ四季で雲の形が違うのか、この虫は何の虫なのか、どんな花なのかなど疑問を持つこと。また、疑問のままにせず共有し、調べて学んでいってほしいです。

　日本独自の四季・伝統行事・遊びに興味・関心を持ってほしいです。また、それと比較して世界にはどんな行事があるのか、どんなことが同じでどんなことが違うのか、広げていってほしいです。

　核家族の多い時代に、コロナという問題も加わり、地域の方との関わり、ご年配の方と触れ合う機会がめっきり少なくなってしまっているが、その中でも機会があれば昔の話を聞いたり、一緒にやってみたりして、様々な経験をしてほしいです。

こうしたことによって、疑問や問題を解決する力や幅広い興味・関心による知識、人と人との関わりの大切さや優しい心を育てていきたいです。

○野外活動について園で取り組んでいることは？

A：現在、勤めている園の周辺には広場や田んぼがあり、生き物や植物を見に出かけています。

　　また、夏野菜や花を育てており、毎日子どもたちで水やりをしています。大きくなった様子を保育者や友だちに伝えたり、収穫した夏野菜を楽しみにしたりしています。

B：季節毎に、散歩の際に発見したこと、不思議に思ったことを共有しています。

　　また、地域の方の田んぼや畑にお邪魔して、四季折々の変化を感じたり、畑や田んぼで野菜や植物を育てる大変さを学んだりすることで、食へのありがたみを感じています。

　私が10年前のキャンプのことを教えてほしいと質問をすると、最初は「何も覚えていません」と応えたA保育士でした。しかし、当時の話をするうちに「海ほたるがとてもきれいでした」と話してくれました。感動体験は心の奥に残っており、その記憶は当日の人やモノ、そして、人とのつながり、モノとのつながりと共によみがえってくることがわかりました。そして、現在も保育士として、子どもとの距離の持ち方、友だち関係を観察する力、子どもたちが発見したことを受容したり、見守ったり、そして何よりも一緒に思いきり楽しむことが大事であると感想をもち、現在の保育にまさに生きています。

　その根っこには「安全の確保」が土台にあってこそです。安全管理は、自然環境の中で生活や遊ぶ中で最も気をつけなければならないことです。安全管理を考えるにあたり、最も重要なことは、活動に際してどのようなことが起こりうるか「予知と予測」をし、その状況（事故）の発生確率を下げることができるように「回避とコントロール」をし、起ってしまった場合は、被害を軽減できるように「対策」を考えておく必要があります。[16]対策はあらかじめ準備しておくべきものですが、いくら救急用品の準備や心肺蘇生法の習得をしても、活動の中で疲労や寝不足より集中力の低下からくるケガや、また楽しさが高じて興奮からくる行動によって起こる事故などがあるため、注意深く子どもたちを観察する必要があります。

7. 自然の中だからこそ自然に合わす

　野外で安全に過ごすことは、子どもをよく観察して子どもに注意を向けることが重要です。

　日本の幼児教育の父と言われる倉橋惣三が彼の著書である『育ての心』の「まむき、よこ顔、うしろ姿」の中で、「手も心もいっぱいにひろげて、顔も心も子どもの方へ、ま正面に向けてやらなければ子どもは承知するものではない」[17]、そして、勤労をしている忙しい時の横顔、去って行くうしろ姿にまで子どもたちは大人の心を感じていると、私たちにメッセージを残してくれています。大人は子どもを注意して観察していますが、子どもたちも、大人をいつも見ていることも忘れてはいけません。

【屋根（影）をつくる】

　筆者が、JCスタッフに指定された島のキャンプ場の中でも周囲に木が茂る場所で、比較的、影のある空間でネイチャーゲームの説明をしている時、おそらく下見の時に適切な場所であると主催者側が判断した場所であったのだと思いました。ところが、8月の太陽が差し込み、途中気温がどんどん上がってきました。すると、一人のJCスタッフが、木にロープを張り巡らせ、その上に青いビニールシートを掛けられ、一瞬で影ができたのです。青いブルーシートの屋根の下で、子どもたち49人は、場所を移動することもなく、最後まで同じ場所で集中して作業をすることができました。移動し変更することは、心も体にも負担がかかります。雨が降れば避難していたと思いますが、日が差したら、影を作る、JCスタッフの神対応は、これまでのキャンプ経験と子どもの動きを止めない教育的配慮と安全の確保を感じました。

【キャンプファイヤーの火】

　キャンプの代表的なプログラムが夜のキャンプファイヤーと言えます。日常の生活の中で生の火を見ることも少なくなりました。また、環境問題を考えると、火を燃やすことができる指定の場所のルールを守るだけではなく、生育している動物たちのことや地球温暖化についても考えなければなりません。

　火について考えてみましょう。キャンプファイヤー時に、もっと燃やして感動の火を作りたいという思いから、キャンプファイヤーの時間が始まっているのに途中で木を入れたり、木をつついたりすることはお勧めできません。子ど

もたちが集っている中央で大人がうろうろしていると、燃える火を見ている子どもたちは、感動の火に気持ちが冷めてしまいます。保育でも思いあたる場面はあると思います。

　そこで、キャンプファイヤーのプログラムを1部は儀式、2部は交流と親睦、3部は決意と分けるとすれば、この一連の流れを火に合わせるのです。点火から儀式を行っていくと、火はだんだん高く燃えあがっています。（そのように木も組んでおきます。）その行程の中で明るく燃え上がる火の中で 2 部を進めていきます。明るい中での交流ゲームは安全です。しかし、安全を考えると高く火が上がればよいというものではありません。次に3部ですが、子どもたちは座って自分を見つめる時間となります。キャンプのこと、友人のこと、家族のこと、将来のこと、その時に火が高く燃え上がっていては、気持ちも高揚してしまうので、落ち着いた火に、そして、みんなの顔が見えるように火も低くなっている方が好ましいと言えます。低い火は周囲を広範囲に照らし、子どもたちにも明るく暖かく照らされ、みんなの顔がオレンジ色に輝いて見えます。

　段々火も小さくなってキャンプファイヤーの終わりを告げます。これが、もし、途中で木を入れ続けていたら、最後まで勢いよく燃えており、火を眺めても終わりの気持ちにはなりません。また、シングルサークルに座り、友だちの顔をお互いに見て、決意の意見を述べたり、聞いたりしている時に、前の友だちの顔が、火が高いと見ることができません。木が灰になるまで燃え切ることが基本ですが、キャンプファイヤー終了後に依然と勢いよく燃えている木に水をかけて消すと、ぬれた木は次に使用ができにくくなります。木々の量、組み方、その適切な使用方法を考えて本番を迎えることは、指導案作成時の環境の構成を記入する時に時間をかけて練っていくところに通じます。

　このようにキャンプファイヤーの組み方を工夫することによって、火の燃え具合に合わせることは、子どもの心にも寄り添った感動のファイヤーを演出することができていきます。

　火の燃え方に合わすと同時に2部で火の粉が巻き上がるような井桁の組方の工夫も知識と経験が必要です。

　ここでも物的環境の手腕が問われ、モノが存在する状態に人が人に伝えたいメッセージをそのモノに込めていきます。物的環境には育ってほしいと願う大人の思いが込められていると思います。

　キャンプファイヤーの3部で自分の心を見つめた後、次は「海ほたる」を鑑

賞するプログラムでした。海岸で行われたキャンプファイヤーの火も小さくなって、海に少し近づき、海ほたるが舞う海岸へ就寝の時間まで自由に友人たちと語り込む時間となりました。キャンプファイヤーを囲む明るく暖かい火、活力ある火や静かな火と海ほたるの光は日常では見ることができない、後に参加学生が10年過ぎても思い出す神秘的な体験となりました。

　人、モノ、時間、空間を捉えて、子どものどのような力を引き出すのか、そのためにどのような環境を用意し、どのようにかかわっていくかを考え実行することが子どもと関わる大人の使命だと思います。

8.まとめ〜この実践で得られた成果と今後の課題〜

　3日間のキャンプは、雨も降ることもなく、天候に恵まれ、計画していた内容を実行することができました。大きなケガや事故もなく、無事、終了することができました。これも、子ども49名に対して、JC会員47名、笑顔サポーター（学生）8名、と看護師と筆者、延べ計56名の大人がキャンプ場でそれぞれの役割をもって、JCスタッフの綿密なる打ち合わせと子どもの人材育成にかける熱い思いと子どもを見守る目、育てる目があったことが一因であったと思います。現実には、JCのメンバーは勤務の都合で出入りがあり、人が交代する場面では申し送りなどの引き継ぎが丁寧に行われていました。

　無人島である仙酔島でのテント生活では、子どもたちにWi-Fi環境も電波もなく、それを望むわけでもなく、自然の中での生活は、友人たちとの時間は遊びというより全てが学びであったと思います。

　有本委員長は、反省会の中で、「保護者アンケート調査からも、子どもたちは家庭や友人関係の中で、相手のために何かをしてあげたいという気持ちが育まれ、親への感謝の気持ちも芽生えることができたと確信しています」と感想を述べていました。

　当時6年生で参加したある児童は、現在大学3年生となっています。仙酔島での自然の中で実施された様々な体験と共に鮮明に覚えているのは、直接関わってくれたスタッフのお兄さんと学生たちであると話してくれました。記憶として残るのは人との時間であり、人と人とを結び付けてくれたのはこの豊かな自然体験であったといえます。

　今ある環境の中で知識と経験とそれを共にする仲間の存在があれば、どこでも十分に子どもたちに自然体験を提供することはできると思います。ただし、

スタッフ間で知識の差があったり、そのために協力を得られなかった場合には残念ながら実現しないこともあります。

　キャンプ1週間前の団結式は、JCスタッフの指導により、各グループを担当する JC スタッフと学生の紹介とグループの旗作りをしたり、各自でカンテラ作りを行いました。アイスブレーキング[18]のゲームもし、良好なグループの雰囲気を確立することができました。キャンプ当日に親から離れる不安な気持ちからキャンプを楽しみに期待する心の変容が伺え、キャンプの導入もできたと思います。

　JC スタッフは、多種多様の職業に就労されています。先にも述べたように、昼食時には、立派な竹をその場で割って、組み立て、そうめん流しをするための、そうめん流し台の立体ができあがり、子どもたちがそうめん流しを食べることができるような環境を作って下さいました。見事でした。また、大鍋で「漁師鍋」と称して、お魚や野菜たっぷりの冷たいお汁を作って下さり、砂アートや海水浴の後の疲労のためには最適なメニューでした。キャンプ中には他にも数々の JC スタッフの専門職の技に大人たちも子どもたちもいっしょになって生活する姿を互いに見ることができました。大人たちの環境構成を間近で子どもたちが見ることができるのも無人島の中の広い敷地で共有して暮らした自然環境のよさであったと思います。海辺の砂アートも砂の量を気にすることなくダイナミックに構想したものが存分に作れる環境でした。

　一方、園の中でも、保護者は多種多様な仕事に就労されています。その専門職を保育の現場に支援いただき、「パパクラブ」や「おやじの会」などと称して各園の取り組みはあります。保護者の方への協力方法も園の保育の目標や子どもたちの興味や成長に沿って、無理のないところでお願いできたらよいと思います。

　木村ら（2018）は、「手に負えるレベルからスタートする」（決して無理をしない。子どもの様子をみながら階段をあがっていく。素直に楽しさが味わえる。）「自分たちの手で、がポイント」（大人同士の連帯感が生まれ、職場の同僚性も高まっていく。子どものエピソードを共有することで、保育に関する話もできやすくなっていく。）「木でつくるからよさがある」（腐るがゆえに点検が不可欠、自分たちでつくっているから自分たちでメンテナンスができる。当事者意識が持続される。）[19]として、園庭に手作り遊具を作った保育園の事例紹介をしています。保護者と保育者が研修と対話を重ねながら、園内や園庭の整備等を園

と父母の会が共に協力し合い、楽しめたらいいですね。

　キャンプの中での日々の全体反省会では、1日目の夜は、各班のJCスタッフや学生スタッフたちは、子どもたちの問題点や、学生自身の子どもたちに関わることの困難さを述べていました。支援についての戸惑いや不満もあったのでしょう。反省会の雰囲気も悪くなり、子どもたちの支援がうまくできない不甲斐なさからくる愚痴も出るようになりました。そこで、筆者が、子どもたちができたこと、何に喜んでいたか、子ども同士どういう会話を楽しんでいたか、成長した点を述べるように伝えました。すると2日目の全体反省会では、「子どもたちが〇〇ができるようになり嬉しかったです」や「子どもが〇〇ちゃんを助けてあげる場面があり、よい面を知ることができました」など、前日の反省会では否定的な発言をしていた学生たちも、子どもたちのよい面も見ることができていきました。そして子どもたちの心を認めた上で、子どもの発問に対して、「受容や共感、問いかけ」をするように助言しました。「すごいね、先生は〇〇と思ったよ」と学生自身の気持ちを子どもに伝えたり、「それからどうしようと思ったの?」など反省を課題へつなげていけるように、また、科学する心を育てるなどの問いかけもするように例を含めて助言しました。このように、スタッフ間の情報共有の時でも、肯定的な言葉で話すことを配慮したい点の1つであると思いました。また、「何をだれがどのようにしていた」という事実を詳細に観察して集める力も大事ですが、「何が育っているのだろう」「子どもの本当の気持ちはなんだったんだろう」と子どもの心を主観的に読み取る力も、将来保育職に就いた時に必要な力です。情報交換する園内研究の場や、保護者支援に役立つと思います。活動内容のよさや、結果だけを見るのではなく、心の育ちや意欲、取組む過程を大事にできたらいいですね。

　ある幼稚園を訪問した際に、ツマグロヒョウモンという蝶の卵を教室で育てている4歳児のクラスがありました。子どもたちが羽化した瞬間を見つけると、先生に報告し、先生といっしょに園庭に出て、外の草むらやプランターにやさしく置いたり、飛び立つまで手にのせて、じっと蝶を観察していました。蝶が飛び立つとさようならをし、見えなくなるまで見送っていました。次々と羽化していく蝶を、保育中なので「今行っている遊びが終わってからね」とか「給食が終わってからね」という子どもの生活の区切りや保育者の都合に合わせるのではなく、命ある生き物に添って遊びの途中でも興味のある子どもたちと先生が大事に手に持って、急いで外に出ていくクラスでした。幼小時代のこの感

動体験は、大人になっても思い出されることになるでしょう。そして、その子どもが大人になり大人から子どもへ伝承していくものだと願っています。卵からさなぎへ、さなぎから蝶への成長を保育者と子どもとが共に観察して、その時を過ごし、その命を大切に思う共感を大事にする保育者だからこそ、この実践がクラスの中心にあり、子どもたちの集団の中にも、命を優先にする共に生活する場となっているのだと思います。大自然の中でも、保育室や園庭でも自然環境を思う人の心が大切であるというがわかります。

　Myはし・myスプーンを手作りで作成しましたが、使用は自由にしたので、一食目は使用していましたが、3日間を通して使用した子どもはいませんでした。また、ビバーグといって、野宿をイメージしていただきたいのですが、寝袋（シュラフ）に入り、星空を見ながら寝ることも提案しました。就寝時間になってブルーシートを敷いて待っていましたが、誰一人として子どもの参加はありませんでした。今思えば、寝袋でテントの中でも初めての経験であったはずなのに、大自然の大地に寝そべり星を眺めるという私だけの気持ちが盛り上がってしまい、ハードルを上げ過ぎたと反省しました。私の経験を振り返っても、先ずは、大学内のワンダーフォーゲル部の部室の前で、寝袋の中に寝て練習をしたことを思い出しました。少しずつ経験の階段をあげることを私自身の失敗談から学びました。

　自然の中では、草花遊び、虫取り、星の話、ウォークラリー、オリエンテーリング、川遊びや川下り等々、自然と関わるプログラムは他にもあります。安全を考えて、挑戦できる、そして、自己決定できる環境を保障し、主体性を育める活動であることが大事です。大人がいるとつい子どもたちへ手を貸してしまいがちですが、大人チーム対子どもチームとに別れて、砂アートや料理コンテストをするなど親子キャンプでも子ども主体のキャンプはできます。

　もちろん大人には子どもと違った責任があります。しかし同時に、子ども主体とは、子どもをサークルの中心において考えるよりも、子どもも大人も同じ一人の人間として尊重して、キャンプファイヤーのシングルサークルのように同じサークルに立ち、どちらもかけがえのない存在として考えることが大事なのではないでしょうか。

　この事業を通して、学生たちは、野外活動の方法を知るだけではなく、子どもたちへの関わり方や、子どもたちが確実に成長する姿に触れ、子どもたちへの援助の仕方、身体への配慮、屋外での安全面などを考える視点を3日間、共

に過ごして、参与観察したからこそ習得することができた力だと思います。また、現在保育士や母親となり、保育園の保育や家庭での子育ての中にそれは、園外だけではなく園内の保育の中の自然環境も見逃さずに、子どもたちと共に生活や遊びの中に取り入れることができ、子育てに今も生きていました。

　私たちが見える自然界は、外の世界という区別ではなく、私たちと共に共存している生活の場と捉え、自然環境が見える力はかけがえのない人の命を大切にすることにつながるのだと信じています。

（註）

(1)新型コロナウイルス感染症等もあり、2018 年、2020 年、2021 年は休止しています。

(2)事業目的は、「笑顔は宝物サマーキャンプ in SENSUIJIMA」の募集チラシよりの抜粋です。

(3)『るるぶ情報版　中国①　るるぶ せとうち　島旅 しまなみ海道』通巻 5961 号、JTB パブリッシング、2022 年、p.68

(4) 公益財団法人日本離島センター編『新版［日本の島ガイド］SHIMADAS（シマダス）』公益財団法人日本離島センター、2019 年、p.488

(5) 同上。

(6)スケジュールの掲載は、津山青年会議所より許可を得ています。

(7)ネイチャーゲームは、ジョセフ B. コーネル（アメリカ合衆国カリフォルニア大学で自然認識学を専攻。ナチュラリスト）が考案した自然と触れ合うプログラムです。

(8) ジョセフ B.コーネル、日本レクリエーション協会監修、日本ナチュラリスト協会訳『ネイチャーゲーム』柏書房、1986 年、p.10

(9) 同上、pp.38-39

(10) 和田芳治『キャンプの友』遊戯社、1980 年、p.104

(11)キャンプファイヤー時の司会者。

(12) (9)と同じ、p.106

(13) 同上、p.76

(14) (7)と同じ、p.118

(15) (9)と同じ、p.14

(16) 能條 歩編・著、田中住幸著『とぎすまそう！安全への感覚〜里山でのリ

スク管理』NPO 法人北海道自然体験活動サポートセンター、2018 年、pp. 8-10

（17）倉橋惣三『育ての心（上）』フレーベル館、1976 年、 p. 121

（18）アイスブレーキングとは、氷を解かすように心を「無理なく」「無駄なく」「快く」、楽しさ等前向きな感情や行動を共有できる集団の雰囲気の構築です。グループ活動を始める際にゲーム（アイスブレーキング）等を取り入れたり、ユーモアを交えた話をしたりします。それによって、グループの雰囲気を和らげることができ、メンバー間の関係が深まり、それとともに高まる相互作用が一人ひとりの問題解決の大きな支えとなっていきます。（公益財団法人日本レクリエーション協会編『レクリエーション支援の基礎―楽しさ・心地よさを活かす理論と技術―』公益財団法人日本レクリエーション協会、2007 年、p.246、参照）

（19）木村歩美・井上寿『子どもが自ら育つ園庭整備―挑戦も安心も大切にする保育へ』ひとなる書房、2018 年、pp.50-51

謝辞

　2012 年度ＪＣ理事長村上雅人様、まちづくり委員会委員長の有本紳介様を始め、当時キャンプに参加されましたＪＣ会員の皆様、2022（令和 4）年度ＪＣ専務理事の岡孝男様、笑顔サポート隊として参加した美作大学短期大学部幼児教育学科 2012（平成 24）年入学生 8 名の学生、当時を振り返って感想を寄せてくれた保育士Ａさん、元保育士Ｂさんに深くお礼申し上げます。閉会式では、子どもたちが、保護者へ笑顔ボードを渡し、練習したテーマソングを披露し、団結式と 3 日間のキャンプの上映を鑑賞し閉会となり、（一社）津山青年会議所主催のキャンプは終了しました。学校での保育・教育だけが子どもが育つ場ではありません。地域社会で子どもたちの未来のために活躍されご尽力されている全ての個人・団体に心より感謝申し上げます。

第6章　保育における自然環境の活用と課題

1. 幼稚園教育要領・保育所保育指針等に見る自然環境の活用

(1)保育における環境の重要性

　保育実践において「環境」が特に大きなキーワードであることは、今さら説明の必要がないのかもしれません。例えば、『幼稚園教育要領』（以下、『要領』と略します。）「第1章　総則」の「第1　幼稚園教育の基本」には、「教師は、幼児の主体的な活動が確保されるよう幼児一人一人の行動の理解と予想に基づき、計画的に環境を構成しなければならない。この場合において、教師は、幼児と人やものとの関わりが重要であることを踏まえ、教材を工夫し、物的・空間的環境を構成しなければならない」[1]とあります。

　この点、『幼保連携型認定こども園教育・保育要領』（以下、『教育・保育要領』と略します。）の「第1章　総則」の「第1　幼保連携型認定こども園における教育及び保育の基本及び目標等」の「1　幼保連携型認定こども園における教育及び保育の基本」においても、基本的に「教師」が「保育教諭等」、「幼児」が「園児」に変わっただけで、文言に異なるところがありません。[2]そこで働く保育者の名称の違い、そして3歳未満の幼い子どもが在籍することを踏まえて言葉を置き換えていますが、求められていることはまったく同じです。

　『保育所保育指針』（以下、『指針』と略します。）の「第1章　総則」の「1　保育所保育に関する基本原則」にも、「(3)保育の方法」に「子どもが自発的・意欲的に関われるような環境を構成し、子どもの主体的な活動や子ども相互の関わりを大切にすること。特に、乳幼児期にふさわしい体験が得られるように、生活や遊びを通して総合的に保育すること」[3]とあります。そして、「(4)保育の環境」の中で「保育の環境には、保育士等や子どもなどの人的環境、施設や遊具などの物的環境、更には自然や社会の事象などがある」[4]と説明します。環境の重要性に関する認識は、幼稚園や認定こども園と同じです。

(2)保育における自然環境の大切さ

　現行の『要領』『指針』『教育・保育要領』には、共通して「幼児期の終わりまでに育ってほしい姿」が記載されたこともご承知の通りかと思います。それが10項目にまとめられていることから一般に「10の姿」と呼ば

れるものです。その中に「自然との関わり・生命尊重」と題して「自然に
触れて感動する体験を通して、自然の変化などを感じ取り、好奇心や探究
心をもって考え言葉などで表現しながら、身近な事象への関心が高まると
ともに、自然への愛情や畏敬の念をもつようになる。また、身近な動植物
に心を動かされる中で、生命の不思議さや尊さに気付き、身近な動植物へ
の接し方を考え、命あるものとしていたわり、大切にする気持ちをもって
関わるようになる」(5)とあります。

　保育のねらい及び内容に関わっては、『要領』等に共通して領域「環境」
が置かれています。それは「周囲の様々な環境に好奇心や探究心をもって
関わり、それらを生活に取り入れていこうとする力を養う」ものですが、3
つある「ねらい」の最初に「身近な環境に親しみ、自然と触れ合う中で
様々な事象に興味や関心をもつ」とあります。そして、12項目ある「内
容」の1番目に「自然に触れて生活し、その大きさ、美しさ、不思議さな
どに気付く」、3番目に「季節により自然や人間の生活に変化のあることに
気付く」、4番目に「自然などの身近な事象に関心をもち、取り入れて遊
ぶ」、5番目に「身近な動植物に親しみをもって接し、生命の尊さに気付
き、いたわったり、大切にしたりする」と記述されます。(6)

　『要領』にはない1歳以上3歳未満児については、『指針』『教育・保育
要領』に共通して、やはり領域「環境」が置かれています。その「ねら
い」は3歳以上児よりも簡素化されていて「身近な環境に親しみ、触れ合
う中で、様々なものに興味や関心をもつ」などとなっています。「内容」も
6項目と少なく、そこにも「自然」という言葉は出てきません。とはい
え、「身近な生き物に気付き、親しみをもつ」などとありますし、3歳以上
児ほどに積極的な扱いでなくても、もとより「身近な環境」に自然環境が
含まれないとは読めません。(7)

　それ以前の乳児については、『指針』は、「乳児保育に関わるねらい及び
内容」の中で、やはり「身近なものと関わり感性が育つ」と述べていま
す。そして、例えば「ねらい」に「見る、触れる、探索するなど、身近な
環境に自分から関わろうとする」ことを挙げます。「内容」にも「生活や遊
びの中で様々なものに触れ、音、形、色、手触りなどに気づき、感覚の働
きを豊かにする」などと挙げられています。(8)『教育・保育要領』も、「ね
らい及び内容」は同じです。(9)すなわち、より幼い時期の子どもについて

は、安全衛生面の配慮等から３歳以上児ほどにはダイナミックに自然環境と関わることは想定されていないのだと思います。

　しかしそれでも、『保育所保育指針解説』では、例えば「１歳以上３歳未満児の保育」について、「この時期、行動範囲が広がり、屋外での活動も活発となる。園庭や保育所外へ散歩に出かけ、そこで様々な生き物に出会い、その姿に興味や関心を抱く。例えば、草花、小枝、実などを見付けて集めてみたり、アリの行列を見付けて忙しく動き回る姿をじっと見入ったりする。また、ダンゴムシを触ってみて、その瞬間的な形状の変化に驚くようなこともある。このように身近な生き物に対する『見たい、触りたい』という欲求から、更に『その生き物のことをもっと知りたい』という好奇心へと高まっていく」[10]と解説されます。

　そしてさらに「保育士等は、子どもが好奇心から思わず身を乗り出し、手を伸ばしたくなるような園庭や保育室などの自然環境を整備したり、散策したりするなどして、日常の生活の中で子どもが身近な生き物と触れ合う機会をもつようにすることが大切である。その際、身近な生き物に触れた後に、手洗いをするなど衛生面に留意する。その上で、身近な生き物やそれに関連する教材などを通して、生きているものに対する温かな感情が子どもの内に芽生えるよう、生き物との関わり方を具体的・実践的に伝えていく」[11]としています。

　この時期の子どもに関する解説は、もちろん『幼保連携型認定こども園教育・保育要領解説』も同じです。「保育士」が「保育教諭」、「子ども」が「園児」というふうに言葉が変わる部分はありますが、内容的にはまったく異なりません。[12]やはり乳幼児期の子どもが自然環境に触れることは、『要領』等でも求められていると理解しなければなりません。子どもの成長発達を保障する保育活動において環境の重要性はもちろんですが、その中でもやはり自然環境は大切だということです。

　その際、「地域の自然、高齢者や異年齢の子供などを含む人材、行事や公共施設などの地域の資源を積極的に活用し、幼児が豊かな生活体験を得られるように工夫するものとする」[13]などと言われる通り、園外の地域の自然環境の活用を考慮すべきであることも、確認しておきたいと思います。

2. 地域の自然環境を活用した保育に対する自治体の支援〜鳥取県を例に〜

現在、保育実践の中で環境、その中でも自然環境の活用が重視されるべきことは、現行の『要領』等で確認することができます。実際に保育の現場でそのような取組が熱心に行われていることは、本書第2章から第4章でもご覧いただいた通りです。さらに、この点について、地方自治体レベルでも行政の支援があることも知られてよいと思います。例えば、鳥取県では、2017（平成29）年3月末に「保育所、幼稚園等とっとり自然保育認証制度」が創設されて、2022（令和4）年1月時点で認証園は35園となっています。[14]

その目的は「県のめざす幼児の姿『遊びきる子ども』を目指し、子どもたちの『体力の向上』『感性』『探究心』『集中力』『自ら考える力』などを育成する場の一つとして鳥取県の豊かな自然を活用し、自然体験活動を行う保育所、幼稚園等の施設に対し、県が定める基準に基づき認証し、その活動を支援することにより、子どもたちの健全育成を図る」[15]とされています。これには、鳥取県のよさとして、多くの県民が自然環境に恵まれていることを指摘しているという背景があり、それを保育の世界でももっと活用しようということです。

活動時間については、「3歳以上児に係る自然体験活動の時間が、園あたり平均して週6時間以上とすること。（例：3歳児クラス週1時間、4歳児クラス週2時間、5歳児クラス週3時間)」[16]とされています。活動内容としては、「県内での自然体験活動（森の中の散策、生き物観察、川・雪遊び、農業体験等)」[17]が挙げられていて、活動計画にも「活動に当たっては、地域資源を活用し、地域住民の協力を得られるよう努めること」「屋外の活動する場所は複数確保し、園外に最低1箇所確保すること」[18]とある通り、地域環境の活用が促されています。

認証に当たっては、多くの幼稚園・保育園等が受けやすいように配慮されています。自然体験活動時間を「週6時間以上」とするなど、あまり高いハードルを設けていないことが1つの特徴となっています。加えて、活動場所も園外に限らず、自然環境を取り込んだものであれば、園庭等の敷地内であっても構わないことになっています。しかし、まさに「保育所、幼稚園等とっとり自然保育認証制度実施要綱」第2条に「自然体験活動」の定義として「野外を中心に、豊かな自然環境や地域資源（自然の中で営まれる各地域における農林水産業等及びこれらに関わる人々をいう。以下同じ）を身体や五感を使って積極的

に活用した様々な体験活動をいう」とある通り、園内だけの活動にとどまらないことが期待されています。

　なお、鳥取県では、これに先立ち「とっとり森・里山等自然保育認証制度」が 2015（平成 27）年 3 月 25 日に創設されています。その目的は「1 年を通して野外での保育を中心に行う園を鳥取県が設けた基準に基づき認証し、支援することで、鳥取県の豊かな自然を活かして子どもたちが健やかに育つこと」[19] とされています。これは認可外で園舎を持たないものも含めて行政が支援をする制度で、「森のようちえん」や里山保育を行うところが対象です。

　幼い子どもたちに自然環境が大切だとしたら、それは「森のようちえん」等の園児に限らず、もっと広く幼稚園・保育園等に在籍する子どもにも必要なものとして補助範囲が拡大したわけです。もちろんどちらの制度にも補助金がありますが、「保育所、幼稚園等とっとり自然保育認証制度」の場合、対象は「報償費、旅費、印刷製本費、通信運搬費、保険料」等で、限度額は 1 施設当たり 20 万円、補助率は 3 分の 1 となっています。[20] 実は、認証園のほとんどが私立で公立に広がらない理由の 1 つに、経済的なメリットの少なさが指摘されています。しかしそのような課題があるとしても、地方自治体の取組として注目してよいと思います。

3. 保育実践と自然〜保育の歴史から〜

　以上のように、現在、保育の環境、その中でも自然環境は重視されていて、それは園内にとどまらず地域に求められていることがご理解いただけると思います。この点については、すでに総論として第 1 章で、具体的な保育現場の事例として第 2 章から第 4 章で述べられている通りです。さらに本書では、第 5 章で学童期の子どもの自然体験の機会の保障、そして自然環境を活用した保育実践を担える保育学生の経験を保障することの大切さについて具体的にご紹介しています。

　しかしながら、このような環境の重要性は、長い保育の営みの中で、まさに歴史的に検証されてきたものでもあります。そのことは、そもそも幼稚園の創始者・フリードリヒ・フレーベル（1782-1852 年）が、それを Kindergarten（幼児の園）と名付けたことにも象徴されます。彼は、よい保育者がいれば「緑豊かな庭園のなかで経験と洞察力とに富んだ園丁によって、すべての植物が極めてすこやかに成長するように、人間の初期であり、芽生えたばかりの

数々の可能性をもった幼児は、自然や神と調和を保ちながら成長できるであろう」[21]と考えたと評されます。神の意志が宿った自然環境の中で、神に与えられた自ら伸びる力を持った子どもが育ちゆくことへの確信を抱いていたのです。

(1) 大正期の園外保育

一方、日本の保育界において、保育方法として園外保育が特色的になったのは大正時代とされます。「郊外保育（野外保育）や園外保育は、愛珠幼稚園をはじめとして、すでに明治時代の幼稚園でもしばし行われているのをみる」[22]と言われますが、その後、「大正時代に入ると、園外保育が多くの園で盛んにとりあげられるようになり、幼稚園から外に出て自然の世界を敬愛し、直接経験を広げることが有効な保育方法であるとして再認識されるようになった。たとえば東京女子高等師範学校附属幼稚園では、大正時代に晴れた日は戸外で保育する時間のほうが長かった」[23]ということです。

ちなみに、「『園外保育』は、明治時代には『郊外遊戯』などとも呼ばれたが、大正時代は『郊外保育』といわれることが多く、『郊外運動』『郊外遠足』『郊外遊歩』あるいは『郊外遊び』ともいわれた。また『戸外保育』『運動会』ともいわれている。さらに『近足』ともいっていたようである」[24]と言いますから、多くの地方で様々な取組が行われたことが見てとれます。そして、当時松本市で幼稚園保姆（現在の幼稚園教諭）をしていた保育者の回想によれば、「近足の内容は自然観察がおもで、また社会見学も多くしました」[25]ということから、この時期すでに幼児が自然に親しむことを重視した様子がわかります。

中には、夏季に「転地保育」と称して、林間保育を実施した幼稚園もありました。大阪市で小学校に付設された大宝幼稚園がその例で、「遊園もなければ砂場もなく、小学校の授業時間の隙をみてその運動場を借りなければ、遊戯も運動もできない状態であった。そのためこの園には虚弱児が多く、病気に対する幼児の抵抗力が弱かった。また神経質で意志薄弱の傾向があった」[26]そうです。そこで試みられたのが「転地保育」で、1918（大正7）年8月1日から8日まで、京都府葛野郡嵯峨村で実施されました。その目的には「大自然に接触せしめて幼児の心情の陶冶に資する事」「自然物利用の作業的保育によりて、幼

児心身の開発に資する事」「適宜なる遠足、運動によりて、体力の増進に資する事」[27]などが挙げられています。

　その結果は、「十九名の幼児が五名の先生と十四人の附添人に守られて、林野を望む田園風景のなかで一人の病人もださず、九日間の保育をうけている」[28]とのことです。具体的な様子としては、「小川の水遊びや、めだか追いなどの、さまざまな遊びに気をうばわれたり、保姆のところに大よろこびで枕をたずさえて眠りに来るなど」[29]して、相応の成果が得られた模様です。

　このような傾向を後押ししたのは、1926（大正15）年の幼稚園令制定でした。「これは、我が国における幼稚園に関する最初の単独の勅令であり、正に画期的なことであった」[30]と評されるものです。そして、同時に出された幼稚園令施行規則第2条に「幼稚園ノ保育項目ハ遊戯、唱歌、観察、談話、手技等トス」とあることには、注目しなければなりません。それ以前の「幼稚園保育及設備規程」〔文部省令、1899（明治32）年〕では、第6条に「幼児保育ノ項目ハ遊嬉、唱歌、談話及手技トシ」とありましたから、新たに「観察」が加わったわけです。

　さらに「幼稚園令及幼稚園令施行規則制定ノ要旨竝施行上ノ注意事項」には、「保育項目ハ遊戯、唱歌、談話、手技ノ外観察ヲ加ヘテ自然及人事ニ属スル観察ヲナサシムル」とあります。もとより「観察」といってもじっと見ているだけのものではなく、もっと能動的に行われていた「郊外保育」「郊外遊び」「近足」などと呼ばれた園外保育が、幼稚園例によってその重みを増したと言ってよいでしょう。

(2)家なき幼稚園の試み

　大正から昭和戦前期にかけては、さらに大胆な試みが行われています。その中で、そもそも園舎をもたず、屋外で活動することを常とする「家なき幼稚園」も注目してよいでしょう。創設者の橋詰良一（1871-1934年）は、「幼児も幼児同志の世界に行かなければ互に真の理解ある生活、真の同情ある生活、真の要求を共にする生活を営む事は出来ません」[31]と言います。そして、「子供同志の世界をつくるのに最もよい所は、大自然の世界です。広い広い野の中、森の下、山の上、川のほとり、其のどこへでも子供を集めて、子供の愉快なやうに遊ばせたり歌はせたり、走らせたりしてやりさへすれば、何の手間もなしに自然の子供の世界が出来ます」[32]と主張しています。

こうして橋詰は、1922（大正11）年5月に園舎を持たない「家なき幼稚園」を現在の大阪府池田市に開設しました。その発起書には、「家はなくても幼稚園は出来ます、生き生きした保育の方法を考へて行きましたら家に囚われた幼稚園よりも、家のない幼稚園の方が幼児にとつて仕合せかも知れませぬ」「家のあるために其の家にばかり閉ぢ込められたり、函庭のやうな運動場にばかり追ひ込まれて滅多に野へ出ることも山へ行くことも出来ないやうな大阪あたりの幼児は不仕合せです」(33)とあります。

　そして、「工夫のつけかたによつては『家なき学校』でも立派に出来るものだと考へて居ますが、保育にあつては特に『家なき幼稚園』が自由で、簡単で、愉快だと思はれます。私は野天教育、野天保育などいふ言葉が衛生家の立場から臨時のものとしてのみ唱道さるることを飽き足りなく思つているもので御座います」(34)と述べています。日本のフレーベル、日本の幼児教育の父と称される倉橋惣三（1882-1955年）は、「園外保育を其の度数によつて分類すれば常時的随時的の二つに分ち、更に常時的といふのを、その度数の多少によつて、恒常的、定期的の二つに分けられる」(35)としましたが、橋詰の試みは、まさに「日々の保育として」(36)行う常時的恒常的な園外保育です。

　「家なき幼稚園における保育の最大の特色は、何といつても、あたりの自然物を保育用具として、子どもたちをたのしませかつ教育する〈自然の保育〉にあつた」(37)と評されます。具体的には、「粘土細工は、かごをさげて川べりに粘土を取りに行くことからはじめるし、ままごとで草餅をつくるときは、ほんものの蓬を摘んできて使う」「銀杏の実で人形の顔を、そして椿の葉でぞうりを作ったりもしてあそび」「松の木の皮をはぎとって、兎だの小鳥だのをつくったり、木の枝や草花を折ってきて、川原の砂場にかわいらしい庭をつくったり」(38)という様子でした。

　「家なき幼稚園」は、評判を呼び、大阪、兵庫で園数を増やしていきました。1924（大正13）年2月に宝塚家なき幼稚園、5月に十三家なき幼稚園、6月に箕面家なき幼稚園、10月に大阪家なき幼稚園、12月に雲雀丘家なき幼稚園、翌年2月に千里山家なき幼稚園といった具合です。施設設備の準備があまり要らなかったということもあるかもしれませんが、大正自由主義の風潮の中で地域の人々に受け入れられたわけです。なお、周囲に自然環境が乏しい大阪では、自動車を2台購入して「大大阪の全体に六十餘ヶ所の幼児集合所」(39)を設けて、次々と子どもたちを野に送ることをしています。

(3)戦後の保育と保育要領

　「太平洋戦争による幼稚園の影響は、本土に対する空襲が全国におよぶに至り、その被災によって多くのところで園舎を焼失したり、破壊されたりして、幼稚園を休園するところが少なくなかった」[40]と言います。その中で、「幼稚園の復興は決して容易ではなかった」[41]ことも間違いありません。一方、保育園についても、「建物が焼失したり破壊されたりして再開がきわめて困難な状況にあった」[42]わけですが、「『青空保育』の実施など、保母たちは父母とともに創意をこらした活動をおこし、新しい保育所への建設がめざされた」[43]と言われます。園舎そのものが失われる中で、いわば瓦礫の中から園外保育が行われたのです。

　そのような状況にあっても、保育界が希望を失ったというわけではなさそうです。1948（昭和23）年には、文部省から『昭和二十二年度（試案）保育要領』が出されています。これは副題に「幼児教育の手びき」とある通り、より広く、幼稚園・保育園、更には家庭における手引きとして編集されました。保育内容は12項目が設けられ、その1番目が「見学」となっています。そこには「幼稚園内、あるいは保育所内での生活はいかに十分の設備と行き届いた教師の指導があっても、どうしても一方にかたよったり、狭い範囲にとどまってしまう。園外に出て行って、園内では経験できない生きた直接の体験を與える必要がある」[44]と述べられています。

　そして具体的に「社会と並んで、自然界もまた幼児の経験の無限の宝庫である。四季の花つみ、昆虫採集、木の実拾いや落ち葉拾いは楽しく、種まき・田植え・刈り入れ等の農夫たちの姿も幼児には美しいであろうし、また貝がらを拾ったり、砂遊びをしたり、水にたわむれたりすることは海べの幼児が持つ楽しみの一つであろう」[45]と述べます。あるいは「持って帰った草花を花びんにさしたり、木の葉・木の実・貝がら等のくらべっこ、ならべ遊びをしたり、小川でとってきたおたまじゃくし・めだかを池に放したり、ちょうやばったを飼育したりするのもおもしろい」[46]とあります。幼稚園や保育園が置かれている地域の身近な環境の活用を促し、園外で得たものを園内に持ち込むことで保育を豊かにすることが期待されているのです。

　保育内容の9番目にはまさに「自然観察」が挙げられています。そこでは、まず「幼児にとって自然界の事物・現象は驚異と興味の中心をなす未知の世界である。それで幼児期から素ぼくな直感によってものごとを正しく見、正しく

考え、正しく扱う基礎的な態度を養うことがたいせつである」$^{(47)}$とします。そして「近くの山や河や池や林や野原やたんぼや公園や工場や市場や停車所等はそのまま教育の場とすることができる」$^{(48)}$と述べます。さらに「自然の経験を與える一つの計画例」$^{(49)}$が示されて、「四月－小川あそび」「五月－草花つみ」「六月－かえるつり」「七月－水あそび」「九月－秋の草花つみ」$^{(50)}$などと続きます。

　保育要領は、その後、『要領』や『指針』にその精神が受け継がれていきますが、すでに地域の自然環境を活用することの意義が確認されているのです。なお、保育内容の4番目には「自由遊び」が挙げられていて、「活ぱつな遊びのうちに自然にいろいろの経験が積まれ、話し合いによって観察も深められ、くふうや創造が営まれる。また自分の意志によって好きな遊びを選択し、自分で責任を持って行動することを学ぶ。子供どうしの自由な結合からは、友愛と協力が生まれる」$^{(51)}$と説明しています。これは園の内外を問わずに求められることで、もとより園外保育においても、子どもの自由な遊びを認めることが大きな前提となっています。

(4) 幼稚園教育要領・保育所保育指針等

　保育要領は、その後、文部省(後に文部科学省)の『幼稚園教育要領』、厚生省(後に厚生労働省)の『保育所保育指針』に引き継がれました。『要領』は1956(昭和31)年に発表され、「幼児教育の内容」として健康、社会、自然、言語、音楽リズム、絵画製作の6領域が示されました。1964(昭和39)年には告示化されて幼稚園現場に強制力を持つものとされるようになりましたが、6領域は変わっていません。それが1989(平成元)年には5領域に整理されて、健康、人間関係、環境、言葉、表現になりました。これは1998(平成10)年、2008(平成20)年、2017(平成29)年と改正を重ねても変わらず現在に至ります。

　『指針』は、1965(昭和40)年に定められ、その後、1990(平成2)年、1999(平成11)年と改訂を重ねます。ここまで常に『要領』の翌年という流れには、意味があります。1963(昭和38)年に文部省初等中等教育局長と厚生省児童局長の共同通知「幼稚園と保育所との関係について」が出され、その中に「保育所のもつ機能のうち、教育に関するものは、幼稚園教育要領に準ずることが望ましいこと。このことは、保育所に収容する幼児のうち幼稚園該当年齢

の幼児のみを対象とすること」とあったのです。つまり、3歳以上児については、幼稚園と保育園は、保育の内容に整合性が求められていたわけです。

　『指針』は、2008（平成20）年の改訂で告示化されて、法的な位置づけは『要領』に揃えられましたが、この段階から両者は同時に改訂・改正されています。そして、現行の『指針』は2017（平成29）年に出されています。また、認定こども園制度の発足を受けて、2014（平成26）年には『幼保連携型認定こども園教育・保育要領』が告示され、2017（平成29）年には『要領』『指針』と同時に改正されました。3者の内容的な整合性はいっそう進められたと言ってよいと思います。

　1956（昭和31）年の『要領』でも、もちろん自然環境を重視する姿勢が確認できます。「幼稚園教育の内容」の6領域のうち3番目が「自然」ですし、そこには「望ましい経験」として、草花や動植物に触れ育てること、身近な自然の変化や美しさに気づくことなどが示されています。また、例えば「経験を組織する場合の着眼点」として「幼児の住む地域社会の実態に即して計画を立案すること」が挙げられて、他にも同様の記述が散見されることから、戦前から大切にされてきた身近な地域の自然環境を活用した保育のあり方は否定されていません。この点、1964（昭和39）年の改正でも、変わりありません。

　1989（平成元）年の『要領』では、基本的に領域「自然」は「環境」になりましたが、現行の『要領』と同じく3つの「ねらい」の最初に「身近な環境に親しみ、自然と触れ合う中で様々な事象に興味や関心をもつ」とあります。また、10に整理された「内容」でも、最初の3つが「自然に触れて生活し、その大きさ、美しさ、不思議さなどに気付く」「季節により自然や人間の生活に変化のあることに気付く」「自然などの身近な事象に関心をもち、取り入れて遊ぶ」とある通り、自然環境の重要性が確認されています。というより、「幼稚園教育の目標」に「自然などの身近な事象への興味や関心を育て、それらに対する豊かな心情や思考力の芽生えを培うようにすること」などとあるのです。

　加えて、「指導計画作成上の留意事項」には、「幼稚園における生活が家庭や地域社会と連続性を保ちつつ展開されるようにすること」とも述べられています。このような自然環境重視の保育観は、その後も変わらず、もちろん『指針』や『教育・保育要領』にも共通して継承されています。そして、現行の『要領』等については、本章1.(2)に述べた通りです。実践的にも地域の自然環境が活用されてきたことについては、本書第1章から第4章でご紹介した通

りですが、それには『要領』『指針』等の支えがあったことも確認したいと思います。

4. 園外環境活用の限界と課題
(1) 自然環境とは何か

　保育における自然環境の重要性は、理論的にも歴史的にも実践的にも明らかだと言ってよいでしょう。しかしそれは、ほとんどの保育現場の場合、自らの園の中だけでは保障できない面があると思います。園庭が狭かったり、そもそも園庭がなかったりする園もあるわけです。場合によっては、テラス等にプランターを置いて栽培活動を行ったり、屋上を活用して畑を設けたりする例もあります。どれもすばらしい試みですが、それにはやはり限界がありそうです。身体全体を使って、水や土、木や草花、虫や鳥などに親しむことは、難しい場合が多そうです。

　ところで、そもそも「自然」とは、あるいは「自然環境」とは何でしょうか。それが保育の世界でどのように捉えられているのか、試みに保育用語事典を紐解いてみると、少なくとも最近では、前者は項目がないのが普通のようです。後者は、項目が設けられているものとそうでないものがありますが、ある場合、例えば最初に「人間の手が加わっていない環境」[52]とあります。そして、さらに「現代では、人間の手が入っていない状態で自然環境が残っている場所は地球上にないと言われることもある」[53]と説明されます。

　白神山地のような場所であれば、ほとんど人の手が入っていないと言えそうです。[54]しかし確かに、少なくとも私たちの周辺には、そのような原始の自然、野生の自然といったものは皆無だと思います。一見緑豊かな山々でも、たいていの場合、それは人が植林した杉林です。心が和む山歩きも、そこは登山道や遊歩道が整備され、入山者の安全が確保されています。美しい水をたたえる湖や川も、護岸工事などで人の手が十分に入っています。車窓から眺める田園風景に自然を感じるかもしれませんが、それは紛れもなく人が耕した田んぼや畑です。もしかしたら、厳密な意味での自然環境は、そこにないのかもしれません。

　『要領』等には、領域「環境」の「ねらい」に「身近な環境に親しみ、自然と触れ合う中で」[55]、あるいは、「内容」に「自然などの身近な事象に関心をもち、取り入れて遊ぶ」[56]などとありますから、逆に言えば、保育で求められ

る自然環境は、身近にはほとんど存在しない「人間の手が加わっていない環境」でないことが明らかです。野生の自然には、熊や蝮のような危険な動物、トリカブトやカエンタケのような有毒植物も当たり前にあると考えたほうがよいのかもしれません。むしろ保育における自然環境とは、私たちが自然だと感じる、ある程度安心安全な、まさに身近な環境ということになりそうです。そこには、人々がそれを活用して共生してきた知恵が込められていると考えるべきだと思います。

(2)園庭環境の見直しと園内外の活動の関連

　保育実践には、自然環境の活用は重要であり、園外のそれを利用することも大切です。しかし同時に、保育を人の文化を伝達する営みと捉えた場合、人々が自然を生活に取り入れ、それと共生してきた姿に触れることもまた意義あることだと思います。そうすると、例えば、「農耕を中心とした暮らしのなかで、人の手が加わってきた自然」「昔から人の手が入ってきた里山を舞台に行われている」[57]里山保育もあり得ますし、あるいは、意識的に園庭に自然環境を取り入れて、そこで樹木や草花、そこに集う昆虫に触れ、鳥を目にすることもよいはずです。後者については、すでに第1章3.(1)にも述べた通りです。

　その際、特に園外の地域を舞台とした保育活動を行う場合には、地域住民の理解が不可欠です。散歩に出かけた際に地域住民と揉めてしまい、その家の前の道は通れなくなったという話も耳にします。もちろん一方で、散歩途中の「子どもたち1人ひとりの手に赤く実った柿を1つずつ、笑顔で手渡し」[58]てくれるような近隣の住民もいますが、そのどちらも紛れもなく地域の人なのです。人それぞれに言い分はあるでしょうし、もとよりみんながみんな保育活動の理解者というわけにはいきません。そのような実態を踏まえて、地域の理解を得ていく努力は不可欠だと思います。

　また、園外環境を活用した保育活動に期待することの中には、子どもの運動量の保障があると思います。例えば、年長児になると「湧き水やため池を基点に水路が流れ、ところどころに田んぼや畑、休耕田があり、民家も残っている」[59]里山保育の舞台まで、1年の5分の1は「暑い日も寒い日も、雨や風が強くても」[60]片道3kmを歩くという保育園もあります。子どもの歩く距離が減ったと言われる今日では、意義ある取組だと思います。

しかし、一般に気をつけなければならないこととして、運動の質の問題もあるでしょう。文部科学省『幼児期運動指針』のガイドブックには、「幼児は様々な遊びを中心に、毎日、合計 60 分以上、楽しく体を動かすことが大切です！」[61]とあります。そして、ポイントとして、「多様な動きが経験できるように様々な遊びを取り入れること」「楽しく体を動かす時間を確保すること」「発達の特性に応じた遊びを提供すること」[62]が挙げられています。その中の「多様な動き」については、特に注意が必要かもしれません。園外保育では、歩くことなどは十分に保障できても、気をつけないと、子ども専用に作られた園庭に比べて、案外多様な動きが保障されないことがあるからです。

　以前、ある森のようちえんを学生たちと見学させていただいたときのことです。その日は雨模様で、いざというときの避難場所が確保できる史跡公園が遊びの舞台となりました。広々としたそこには所々に水たまりがあって、子どもたちはまず足先で水たまりの縁を軽く突き始めました。しかし、なかなか遊びが発展していきません。しばらくして漸く手でダムのようなものをこしらえたりしましたが、それ以上は難しい様子でした。でもこの場合、それも仕方がないことはご理解いただけると思います。バケツやスコップがあれば状況は違っていたはずですが、それもありませんでしたし、と言うよりそもそも人の土地を勝手にいじくり回すわけにはいかないからです。

　基本的に子どもたちの専用空間である園庭ならば、もっと子どもたちが自由に工夫して遊べたのかもしれません。もちろん園庭の真ん中に穴を掘るようなことは許されませんが、それでも所々に変化を付けて、砂場で穴を掘り、築山を駆け上り、芝生の上を走り転がり回り、すべり台やブランコやジャングルジムなど様々な固定遊具で手や足を使うといったことが可能になりそうです。[63]この点で、第 4 章 4.(2)で紹介した事例は、園外環境の活用であると同時に、実質的には、地域住民の理解の下で行われた園庭の拡張と見ることもできるでしょう。

　また、『要領』等の領域「環境」が「周囲の様々な環境に好奇心や探究心をもって関わり、それらを生活に取り入れていこうとする力を養う」[64]ものである点も、今一度確認したいと思います。その際、取り入れる先の生活の拠点である園内環境の存在は、やはり重要だと考えられます。例えば、第 2 章 2.(6)に「智頭の自然をイメージして描いた協同画（5 歳児）」が紹介されていますが、子どもたちの地域への関心が協同画につながるためには、それにじっくり

取り組める室内環境も必要だったのではないでしょうか。地域の自然環境を活用した保育のすばらしさとともに、もちろん室内での遊びの充実もあってよいのです。この点については、園内での活動と園外での活動が、有機的に結びついて豊かな遊びを生み出す様子は、第3章でも述べられている通りです。

(3)園外保育における安全確保

　基本的に本書では検討の対象外としましたが、園外活動に伴う危険についても考えなければなりません。乳幼児の場合、実際には屋外よりも屋内での事故が多いくらいですが、屋外、すなわち、園庭での遊具事故などはもちろん、子どもの専用空間ではない園外環境の活用では、特に事故への備えが必要になるでしょう。にも関わらず、園外保育に「日常では得難い重要な意義が認められる」[65] ものの、「一方で、一般的な保育士養成課程や幼稚園教諭免許取得のカリキュラムの中で、河川や海、山などで実施することを想定した野外活動や園外保育について学べる機会は、ほぼ皆無」[66] という状況は大きな問題です。

　一例を挙げれば、「子どもたちから、『地面がぬかるんでいて遊べない』という苦情が出たため、ぬかるんでいない多目的広場から下に広がる雑草地へと活動範囲を広げ」[67] た結果、移動した雑草地で「園児が仰向けで右腹部から右下肢にかけて墓石の下敷きになって」[68] 4歳男児の尊い命が失われた事故がありました。事故の検証に際して、当初現場の下見を行ったとした保育者の説明が実は事実でなかったことが後に明らかになるなど、事前準備や事後対応に大きな疑問が残る事例です。[69]

　地域環境、特にその自然環境を活用した保育は、我が国の保育界で長きにわたって大切にしてきた営みです。それは現在も、子どもたちの成長発達を保障する上で意義あるものと認められています。土や水や光、樹木や草花などの自然素材、森や林、河川など自然を感じさせる空間は、可塑性や応用発展性に富んで子どもの遊びを豊かにしてくれます。さらには、地域の自然環境を活用した保育は、自然と共生してきた人々の営み、そこに込められた知恵、そこで育まれてきた文化に触れることでもあるはずです。安全への配慮を欠かさず、あるいはそのあまり活動を萎縮させることなく、取り組んでいきたいものと思います。

（註）

(1)文部科学省『幼稚園教育要領〈平成 29 年告示〉』フレーベル館、2017 年、p. 5

(2)内閣府・文部科学省・厚生労働省『幼保連携型認定こども園教育・保育要領』フレーベル館、2017 年、p. 5

(3)厚生労働省『保育所保育指針〈平成 29 年告示〉』フレーベル館、2017 年、p. 5

(4)同上、pp. 5-6

(5)(1)と同じ、p. 7。(3)と同じ、p. 12。(2)と同じ、p. 7。

(6)(1)と同じ、pp. 17-18。(3)と同じ、p. 26。(2)と同じ、p. 29。

(7)(3)と同じ、p. 19。(2)と同じ、pp. 22-23。

(8)(3)と同じ、pp. 13-15

(9)(2)と同じ、p. 19

(10)厚生労働省編『保育所保育指針解説』フレーベル館、2018 年、p. 154

(11)同上

(12)内閣府・文部科学省・厚生労働省『幼保連携型認定こども園教育・保育要領解説』フレーベル館、2018 年、p. 203

(13)(2)と同じ、p. 12

(14)鳥取県ホームページ「保育所、幼稚園等とっとり自然保育認証制度」
https://www.pref.tottori.lg.jp/267067.htm（2022 年 12 月 13 日最終閲覧）

(15)同上

(16)同上

(17)同上

(18)同上

(19)鳥取県ホームページ「とっとり森・里山等自然保育認証制度」
https://www.pref.tottori.lg.jp/239563.htm（2022 年 12 月 13 日最終閲覧）

(20)「自然に学び、遊びきれ、とりっこ事業補助金交付要綱」別表(第 3 条関係)
https://www.pref.tottori.lg.jp/secure/1078988/h30youkoutorikko.pdf
（2022 年 12 月 13 日最終閲覧）

(21) 荘司雅子『フレーベルの生涯と思想』玉川大学出版部、1975 年、p. 207

(22) 日本保育学会『日本幼児保育史　第三巻』フレーベル館、1969 年、p. 125。愛珠幼稚園は、1880（明治 13）年、現在の大阪市中央区に開園した日本の幼稚園の草創期を代表する園です。1901（明治 34）年竣工の木造園舎は、現存する日本最古の園舎であり、2007（平成 19）年に国の重要文化財に指定されています。

(23) 同上。東京女子高等師範学校附属幼稚園は、一般に日本最初の幼稚園とされており、1876（明治 9）年に開園しました。現在のお茶の水女子大学附属幼稚園です。

(24) 同上、p. 126

(25) 同上

(26) 同上、p. 128

(27) 同上、p. 129

(28) 同上、p. 128

(29) 同上

(30) 文部省『幼稚園教育百年史』ひかりのくに、1979 年、p. 204

(31) 橋詰良一『家なき幼稚園の主張と実際』東洋図書、1928 年、p. 26（岡田正章監修『大正・昭和保育文献集　第五巻』日本らいぶらり、1978 年、所収）

(32) 同上、p. 28

(33) 同上、p. 48

(34) 同上、p. 49

(35) 倉橋惣三『幼稚園雑草』内田老鶴圃、1926 年、p. 214

(36) 同上

(37) 上笙一郎・山崎朋子『日本の幼稚園』理論社、1965 年、p. 110

(38) 同上

(39)（31）と同じ、p. 252

(40) 日本保育学会『日本幼稚園史　第六巻』フレーベル館、1975 年、p. 56

(41) 同上、p. 59

(42) 同上、p. 68

(43) 同上

(44)文部省『昭和二十二年度（試案）保育要領—幼児教育の手びき—』師範学校教科書、1948 年、p.52

(45)同上、p.53

(46)同上

(47)同上、p.72

(48)同上、p.73

(49)同上

(50)同上、pp.73-74

(51)同上、p.58

(52)谷田貝公昭編集代表『新版・保育用語事典』一藝社、2016 年、p.173

(53)同上

(54)白神山地世界遺産センター藤里館ホームページには「青森県と秋田県の県境にまたがる 130,000ha に及ぶ標高 200〜1250m の山岳地帯『白神山地』。その中心部のおよそ 17,000ha が世界自然遺産に登録されています」とあります。人の手がほとんど及んでいないブナの天然林で知られています。http://www.shirakami-fujisatokan.jp/shirakami （2022 年 12 月 13 日最終閲覧）

(55)(1)と同じ、p.18。(2)と同じ、p.29。(3)と同じ、p.26。

(56)同上

(57)斉藤道子・文、岡本央・写真『里山っ子が行く！木更津社会館保育園の挑戦』農山漁村文化協会、2009 年、p.13

(58) 伊藤良高・牧田満知子・立花直樹編著『現場から福祉の課題を考える 子どもの豊かな育ちを支えるソーシャル・キャピタル—新時代の関係構築に向けた展望—』ミネルヴァ書房、p.108

(59)(57)と同じ、p.12

(60)同上、p.13

(61)文部科学省『幼児期運動指針ガイドブック　毎日、楽しく体を動かすために』サンライフ企画、2013 年、p.6

(62)同上、p.7

(63) この点については、例えば、木村歩美・井上寿『子どもが自ら育つ園庭整備—挑戦も安心も大切にする保育へ』ひとなる書房、2018 年に紹介された大胆な取り組みは、注目してよいと思います。

(64) (1) と同じ、p. 17。(2) と同じ、p. 29。(3) と同じ、p. 26。

(65) 西田佳史・山中龍宏編著『保育・教育施設における事故予防の実践　事故データベースを活かした環境改善』中央法規出版、2019 年、p. 150

(66) 同上

(67) 高森町　保育所事故検証委員会『高森町立保育園において発生した死亡事故の検証等に関する報告書』2019 年、p. 10

https://www.town.nagano-takamori.lg.jp/material/files/group/7/houkoku.pdf（2022 年 12 月 13 日最終閲覧）

(68) 同上

(69) 高森町　保育所事故検証委員会『高森町立保育園において発生した死亡事故の検証等に関する追加報告書』2021 年

https://www.town.nagano-takamori.lg.jp/material/files/group/7/20210729koukai12P.pdf（2022 年 12 月 13 日最終閲覧）

おわりに

　保育現場の物的・空間的環境、特に屋外の環境のあり方について論をまとめてみたいと、以前から考えていました。しかしながら、日々の業務に追われる中で、1人ではとても難しいと思っていたところ、改めて教え子たち、というより保育の世界で同じ熱い思いを持つ仲間たちの存在に気付きました。そこから生まれたのが本書です。

　一方、現在、保育の現場は、コロナ禍の中で様々な制約を余儀なくされています。運動会や発表会等の規模縮小がその例であり、学年別の実施、参加者の人数制限等で対応されています。そのような状況を踏まえると、やはり比較的に感染リスクが少ない屋外活動、園外環境の活用を検討することは、もしかしたら時宜に適ったことかもしれません。そんな思いもありました。

　本書出版の意図や概要を示してメンバーに原稿依頼をしたところ、全員から速やかに快諾をいただきました。そしてその後は、むしろ私以上に情熱をもって執筆に取り組んでくれました。ときには私のほうが圧倒されそうになるくらいでした。それでも、熱意だけでは1冊の本はまとまりません。僭越ながら、相応の検討がなされ、関係者の参考となるものになったと自負しています。

　各執筆者は、保育現場の了解を得ながら、責任をもって報告と分析をしてくれました。事実を淡々と連ねた実践報告にとどまらず、それを子どもの成長発達にとって意味あるものにするためのポイントを示してくれています。とはいえ、本書で目指したことも道半ば、至らぬ点も多々あろうかと思います。その点は、すべて編者である私の責任であり、読者のご寛恕を願うばかりです。

　本書の執筆・編集・出版にあたっては、多くの方々のご理解とご協力が不可欠でした。まずは実践報告と検討の舞台となった各園、キャンプ実践の関係者にお礼申し上げます。すでに各章で担当執筆者から感謝の言葉を述べさせていただきましたが、様々な直接間接のご支援がなければ、このような形にまとまることはありませんでした。

　また、古今社の末宗辰彦代表には、出版事情の厳しい中、本書を世に出すことに快く応じていただきました。古今社には、これまでも著書、編著書の出版、鳥取発信の保育誌『季刊ほいくる』（保育文化研究会編、創刊号〜第 23 号、2011 年 10 月〜2017 年 4 月）の発行もしていただいています。この度も厚いご支援を

いただきましたこと、記して感謝申し上げます。

　最後に、内輪のことになりますが、本書の執筆者たちを労うことをお許しください。それぞれに多忙を極める仕事の傍ら、編集に当たっても積極的なご配慮をいただきました。逐一ご紹介することは控えますが（一例を挙げれば、表紙の構成は、パソコン等器材の操作が得意な藤田が整えてくれました）、メンバー全員にお礼申し上げ、今後益々のご活躍をお祈りします。

　2023（令和5）年3月

塩野谷　斉

著　者〈執筆順〉

塩野谷　斉（しおのや　ひとし）　……………………………　第 1 章、第 6 章
　　編著者紹介参照

藤田　裕之（ふじた　ひろゆき）　………………………………　第 2 章
　　鳥取県智頭町立ちづ保育園保育士
　　鳥取大学地域学部非常勤講師

市川　智之（いちかわ　ともゆき）　………………………………　第 3 章
　　美作大学生活科学部講師
　　元神戸市立保育所・児童福祉施設保育士

薮田　弘美（やぶた　ひろみ）　………………………………………　第 4 章
　　美作大学生活科学部准教授
　　元鳥取県三朝町立竹田保育園園長

寺田　光成（てらだ　みつなり）　………………………………………　第 4 章
　　高崎経済大学地域政策学部特命助教
　　NPO 法人日本冒険遊び場づくり協会情報研究センター主任研究員

居原田　洋子（いはらだ　ひろこ）　………………………………………　第 5 章
　　美作大学短期大学部教授
　　元岡山県津山市立佐良山幼稚園教諭

編著者

塩野谷　斉（しおのや　ひとし）

東京大学教育学部教育学科卒。

〃　　　　教育行政学科卒。

東京大学大学院教育学研究科修士課程修了。

〃　　　　　　博士課程単位取得。

山口短期大学助教授、浜松短期大学助教授、日本福祉大学准教授等を経て、現在、鳥取大学地域学部教授（2011 年 4 月〜）。

この間、鳥取大学附属特別支援学校長・附属幼稚園長等を兼務。

著書に『またあしたあそぼうね―幼稚園は人間力への確かな一歩―』（佐分利育代と共編著、鳥取大学附属幼稚園著、古今社、2007 年）、『子どもの育ちと環境―現場からの 10 の提言』（木村歩美と共編著、ひとなる書房、2008 年）、『絵本の楽しみ、絵本の見方』（古今社、2020 年）など。

保育における地域環境活用の意義と実践

塩野谷 斉　編著
藤田 裕之・市川 智之・薮田 弘美・寺田 光成・居原田 洋子　著
2023 年 3 月 31 日発行

発行人　末宗辰彦
発行所　古今社　〒689-3545　鳥取県米子市吉岡 65-2
　　　　　　　TEL.0859-27-1390　FAX.0859-27-4828
印刷・製本　合同印刷 株式会社

Printed in Japan　　　　　　　　　ISBN978-4-907689-78-0 C3037